O sintoma e a dissociação psico-somática

Dados Internacionais de Catalogação na Publicação (CIP)
(Câmara Brasileira do Livro, SP, Brasil)

Nogueira, Ricardo Prado Pupo

    Sintoma e dissociação psicossomática / Ricardo Prado Pupo Nogueira.— São Paulo: Casa do Psicólogo, 1996.

Bibliografia.

ISBN 85–85141–

1. Medicina e psicologia 2. Medicina psicossomática. I. Título

96–3877   CDD–616.08

Índices para catálogo sistemático:

1. Psicossomática : Medicina   616.08

2. Psicanálise e sintomas
    psicossomáticos : Medicina   616.08

Editor: Anna Elisa de Villemor Amaral Güntert

Revisão: Ruth Kluska Rosa

Composição Gráfica: M&M Editoração e Arte - (011) 280-7058

Capa: Ivoty Macambira

Foto gentilmente cedida por Dr. Ernesto Brito

O sintoma e a dissociação psico-somática

RICARDO PRADO PUPO NOGUEIRA

1996

Casa do Psicólogo®

© 1996, Casa do Psicólogo Livraria e Editora Ltda.

Reservados os direitos de publicação em língua portuguesa à
Casa do Psicólogo Livraria e Editora Ltda.

Rua Alves Guimarães, 436 — CEP 05410-000 — São Paulo — SP
Fone: (011) 852-4633   Fax: (011) 3064-5392

Endereços Internet:
    e-mail: *casapsi@psicnet.com.br*
    home page: *http://www.ppbr.com/psicnet/casapsi*

É proibida a reprodução total ou parcial desta publicação para
qualquer finalidade sem autorização por escrito dos editores.

Impresso no Brasil/*Printed in Brazil*

Agradecimentos

Aos Mestres

> Lucia Santaella
> Roberto Azevedo
> Samira Chalub
> Valentim Gentil

> Que marcaram e possibilitaram.

Aos Amigos

> Nos infinitos reencontros

> Walber
> Zezé
> Paula
> Rico

> Pelo dia-a-dia

Prefácio

Este trabalho de Ricardo Pupo Nogueira apresenta-nos, com seu estilo próprio, advindo de sua experiência clínica, uma semiose do soma, abordagem original do fenômeno psicossomático. Desde já aponto a peculiaridade da transmissão dos casos clínicos, em que estilo e rigor articulam-se no registro da enunciação, pelo qual o autor se posiciona. Quando o caso é percorrido no seu teor narrativo, seqüenciado, comparecem os traços de descrição, mas, sobretudo, o aspecto interpretante do enredo psicossomático é o mais relevante. As relações com a semiótica acrescentam novas possibilidades descritivas, ampliando a reflexão e compreensão do tema. Embrenhado no campo da linguagem, ser falante, o sujeito faz signo interpretante dos (seus) objetos.

Justamente ao campo da significação-interpretação *é* que a questão psicossomática deve ser detectada, já que se trata do **sentido e da representação** desse sentido – que tem, como núcleo problemático, o desajuste, a dissociação. Não será outra a razão de o autor grafar psico-somática: implica a dissociação intervalar do psico-somático que opera interferência nos sistemas biológico e fisiológico — no campo de um corpo que, por imaturidade nas conexões de suas mensagens, foi inter**ferido** no seu mais orgânico patamar imaginário.

8   O sintoma e a dissociação psico-somática

Conforme o autor, "o sintoma psico-somático evidencia a falta de sustentação da cadeia interpretativa distorcida, baseada em interpretações narcísicas, preocupadas em ser-para-o-Outro, para preservar a imagem idealizada de si próprio, infalível e superprotegida. O sintoma psico-somático expõe a falha do sistema dissociado do Real e guarda-se em estado puro para ser reinterpretado".

Pareceriam dois significantes dissociados – Real e reinterpretação.

De fato, com relação aos registros da teoria lacaniana, as articulações possíveis a serem feitas indicam um aspecto de superação entre eles: o Imaginário pode fazer semblante do Real, o Simbólico pode esclarecer o Imaginário, não podendo, no entanto, cobrir (todo) o Real. Mais uma vez aparece: o **resto** não-especularizável ou, por outra, não-semantizável, impossibilitado de esclarecer relações sígnicas em proporcionalidade.

O Real desse sintoma psico-somático — eis o fulcro da questão. O aparelho psíquico está encerrado em representações constituídas pela **contigüidade** da primeira relação de objeto, **sem espaço** para outras produções que não aquela inter**ferida naquele** corpo. Lacan chamou **esta quase** justaposição **sígnica de** holofrase, no matema $S_1 S_2$.

A horizontalidade narcísica é um caos à espera, na geografia do corpo gozante do sintoma psico-somático, de interpretação. Ou seja, o caminho do caos a uma virtual ordem significante, como um sistema complexo, rumo ao complementar/suplementar da relação desordem-ordem.

Prefácio

Pode-se pensar que os desenhos da desorganização de um campo sejam deslocados para o outro.

Do Outro ao outro sem a visibilidade conectora.

Ora, justamente a conexão visível entre signo e objeto justifica o sintoma neurótico, cuja "felicidade" é poder representar-se, circulando na cadeia significante. O resultado é o sujeito dividido entre o gozo e o desejo.

Já o campo da invisibilidade opera com o olhar, angulação interventiva no Real biológico — e o sujeito não sabe por que é tomado pelo estranho que o lesa. O inter**ferido** impede a divisão do sujeito. Não o significa, **sendo ser sofrido** – outro nome para o sintoma psico-somático.

A pulsão de morte é o habitante dessa horizontalidade narcísica, da onipotência do todo. Com medo da falta — e sem querer, e sem saber — o ser psico-somático repete o sintoma orgânico como tempo absoluto, impossibilitando a informação que só é produzida na falta. O próprio corpo é o lugar do gozo, personagem principal no cenário "intrigante" da psico-somática e, a manter-se nessa desordem, destitui a competência sígnica do organismo. Signos que, certamente, relativizam e localizam o corpo no tempo e no espaço e assinalam a virtualidade interpretativa. Aqui, então, a pulsão de morte modaliza a pulsão de vida — dá-lhe um estilo, dis-junta Real e Imaginário, con-junta R-S-I.

Do ponto de vista da semiótica peirciana corpo é signo, signo é ação — esse processo é semiose, é representação e nesse

O sintoma e a dissociação psico-somática

(ideal) equilíbrio dialógico entre caos e ordem, poder-se-ia instalar a competência simbólica.

Segundo Ricardo Pupo Nogueira, interpretantemente, "crescimento do universo sígnico adaptado à interação corporal absoluta, e relativa, preparando o sujeito ao seu vir-a-ser".

Assim é que, no sintoma psico-somático, o corpo cenariza *a* pulsão de morte naquilo que o traço de "qualis" é o gozo, "expressão" do Real — mortífero.

Enquanto no espaço possível da significação o corpo fará barra ao narcisismo letal — inclui-se aí o princípio vital.

Então é isto.

A morte dá sentido à vida. Parece simples (e talvez seja ...), mas o ser psico-somático ainda não sabe disso, desde o princípio.

Samira Chalhub
  Psicanalista
  Profª Drª do Programa de Pós-Graduação em
  Comunicações e Semiótica - PUC-SP
  Coordenadora do Centro de Estudos em Semiótica e
  Psicanálise - PUC-SP

Sumário

Capítulo 1 – Campos de estudo da psicossomática. 13

Capítulo 2 – Apoio antropológico 21

Capítulo 3 – *Psico-somática:* o conceito 33

Capítulo 4 – As somatizações 43

    Categoria I: histeria 43

    Categoria II: hipocondria 50

Capítulo 5 – O *psico-somático* entre o Real e o imaginário 59

    a) O tempo e o espaço. 63

    b) O Dasein 68

    c) O esquecimento biológico fundamental 72

    d) Desarticulação entre o tempo absoluto e o
    relativo, e sua importância nos distúrbios
    psico-somáticos. 76

Capítulo 6 – O gozo no sintoma *psico-somático.* 83

Capítulo 7 – O órgão determinado pelo sintoma. 97

Capítulo 8 – Síntese 113

Capítulo 9 – Procedimentos 127

Bibliografia 137

Campos de estudo da psicossomática

CAPÍTULO 1

É difícil pensar em alguém que já não tenha passado pela experiência de associar momentos de desânimo e apatia a algum comprometimento orgânico. Também é comum a observação de que problemas emocionais fazem baixar a resistência imunológica, aumentando a probabilidade de infecções viróticas e bacterianas. Fazem parte de nosso dia-a-dia essas observações intuitivas. De alguma forma, observamos que os conflitos psíquicos podem evidenciar-se por alterações orgânicas. Porém, quando se procura conhecer as características dessa relação, a simplicidade desaparece e se abre uma complexa rede de interrogações e suposições sobre os fenômenos psicossomáticos, revelando um campo de investigação extremamente sedutor.

Percorrer os caminhos que vão do intrapsíquico à fisiologia e à bioquímica é uma tarefa complexa, mas excitante. Como algo intuitivamente aceito pode ter tanta dificuldade em sua explicação, é o que intriga e desafia.

A medicina esteve por muito tempo omissa sobre essas questões. Não digo que a natureza de tal omissão seja voluntária; parece-me que está diretamente relacionada a uma outra omissão — esta, sim, de natureza dogmática — bastante preju-

14 O sintoma e a dissociação psico-somática

dicial para o desenvolvimento da medicina no campo das relações humanas, já que o sujeito ao se tornar médico não se desinveste de sua condição humana, muito menos o paciente da sua. Será sempre muito importante que nenhum dos dois se esqueça disso e que possam também tirar proveito das circunstâncias de dor e sofrimento a que estão submetidos. Aliás, 'submetidos' é um termo especialmente bem aplicado, pois se refere à mesma ação, indistintos os campos de médico e paciente, ou seja, estão ambos sob a ameaça de falir ou sucumbir perante a doença ou a morte.

Nesso momento é preciso falar da razão pela qual a medicina resiste a perceber a importância do psiquismo para a saúde do organismo, em sua relação de origem e nas conseqüências que ocasionam o estado que atualmente chamamos 'um sintoma psicossomático'.

Todos os nossos conceitos, sejam eles filosóficos, morais, sociais, antropológicos ou de outro tipo, ficaram profundamente abalados com a descoberta freudiana do inconsciente. A hipótese de que algo pudesse acontecer à revelia da consciência, que pudesse fugir ao controle da lógica racional, até então soberana, abriu novas interpretações para a estrutura sintomática. A simples relação causa-efeito já não sustentava as descobertas feitas por Freud a respeito da estrutura neurótica. O sintoma passou a ser visto como um sinal indicativo de conflito interno entre as forças pulsionais e repressivas, acontecendo num nível subconsciente, já que a única anunciação para a consciência seria a aparição sintomática. Apenas é possível observar o descontrole a que uma pessoa está submetida tendo ela própria consciência de tal situação. Esse descontrole dá a característica essencial da descrição fenomenológica do distúrbio, já que seu

Campos de estudo da psicossomática 15

conteúdo é extremamente variável, devido a contínuas mudanças sociais e morais, as quais influenciam a expressão do sintoma, mas não sua estrutura .

Antigamente os sintomas histéricos, quase exclusivos do sexo feminino, davam-se a conhecer por meio de grandes manifestações sintomáticas corporais, como é o caso das crises espasmódicas, semelhantes a crises tetânicas, em que as mulheres arqueavam-se na cama, em contratura corporal intensa. Esse quadro hoje não é mais visto, ou melhor, ainda existe a histeria, mas a manifestação do sintoma modificou-se, devido a toda transformação por que passou a moral feminina neste último século. Continuam existindo sintomas, que se evidenciam sob a forma de descontroles vindos de 'não se sabe onde' e que acabam originando atitudes e manifestações corporais as mais variadas. Isso vale para a visão fenomenológica que se atém a descrever o fenômeno; para a psicanálise, a origem está nos conflitos entre mecanismos inconscientes, que se exteriorizam apenas por via de seu produto final: o sintoma.

A medicina não absorveu, fora do campo das neuroses, a descoberta freudiana do inconsciente. Continua dogmaticamente presa ao cartesianismo de suas concepções, e é um reduto muito resistente ao reconhecimento do inconsciente. É estranho que a resistência aconteça exatamente na medicina, pois são facilmente evidenciáveis, por meio de seus conhecimentos, os controles fisiológicos totalmente independentes da consciência: o ritmo cardíaco, a freqüência respiratória, a produção hormonal etc. No entanto, a medicina caminha cega, surda e conseqüentemente muda em relação ao inconsciente; o máximo a que consegue chegar é classificar de "nervosismo" o que não consegue explicar cartesianamente.

O sintoma psicossomático — tido atualmente como um reduto das causas não reconhecidas, dos acontecimentos estereotipados, e até do desconhecido — pode vir a ser o fator que levará à inserção do inconsciente nos conhecimentos médicos, à reinvestigação dos conceitos vigentes sob a luz da descoberta do inconsciente, o que recuperaria a 'unidade psicossomática', a qual deixaria de ser algo dissociado (entre o psíquico e o somático) e passaria a ser indissociável. Não há como entender o psíquico sem o somático e vice-versa; podemos apenas fazê-lo como um método analítico, para avaliar parcialmente o fenômeno, mas sem nunca incorrer no erro de acreditar na abstração que criamos para entender uma fração da equação, uma vez que a abstração analítica não abrange o fenômeno, apenas o limita para uma averiguação parcial.

A necessidade de nos reconhecermos como seres humanos, racionais e condicionados a padrões preestabelecidos, procura dissociar a unidade irredutível psicossomática e alienar o inconsciente. Para que não nos surpreendamos com nós mesmos, acabamos por nos reduzir a uma fantasia cartesiana, que não tem nenhuma relação com a complexidade das ligações psico-neuro-endócrinas que nos constituem.

Somos afetados, das formas mais variadas, por disposições de humor. Não acredito que alguém, por mais cético que seja, consiga hoje em dia menosprezar a importância dos estados de espírito na defesa imunológica.

Acompanhei alguns casos clínicos de prognósticos desfavoráveis sofrerem alterações fisiológicas surpreendentes, e até mesmo obterem uma recuperação total, sob o impacto de situa-

Campos de estudo da psicossomática 17

ções com potencial de transformar significativamente o estado de humor do paciente. Da mesma forma, infecções muito simples podem, em poucas horas, levar um paciente à morte — possibilidade sequer imaginada por seu médico — como se aquele organismo estivesse privado de resposta imunológica; o que não se comprovava na leitura dos testes laboratoriais. Acontecimentos como esse mostram que por algum motivo o organismo às vezes se impede de reagir.

É com situações como essas que o médico clínico confronta-se em seu dia-a-dia, surpreso e ainda incapaz de descobertas mais produtivas. Juntam-se àquelas os quadros de doenças auto-imunes, como por exemplo o lúpus eritematoso sistêmico, enfermidade que faz com que o organismo volte-se contra si mesmo, atacando-se, em atitude de profundo desreconhecimento. Em quadros como esse, o mecanismo de defesa imunológico deixa de reconhecer os sistemas por meio dos quais se reconhece e passa a se atacar como se estivesse atacando uma bactéria ou um vírus. Essa 'intenção orgânica' autodestrutiva, se é que podemos chamá-la assim, é extremamente pertinente ao interesse psicossomático.

Até quando permaneceremos atônitos e surpresos, incapazes de nos sensibilizarmos como médicos à fragilidade do enfoque por meio do qual procuramos compreender o ser humano? Enfoque este que o enxerga muito mais simples do que realmente é, ou seja, despido da complexidade de suas pulsões mais básicas, de seu medo da morte.

Antes mesmo de nascer, estamos concebidos na organização psíquica de nossos pais, que funciona de uma determinada forma, tanto em sua individualidade quanto na complementaridade da relação conjugal. Formamo-nos aí, na confluência de aspirações alheias, de conceitos e contextos externos, e na singularidade da conformidade orgânica predestinada geneticamente. Somos afetados por signos compostos por meio da experiência acumulada milenarmente por nossos semelhantes. Dentro desse 'caldeirão' aquecido pela chama da vida, tememos pelo que será de nós; ansiamos pela eternidade, pela indestrutibilidade e por tudo que nos aliene da desconfortável posição de simples visitantes, nesse complexo contexto ao qual nos estruturamos e onde buscamos a vida.

O inconsciente, em sua linguagem própria, processa todos esses dados que não passam pela consciência. São profundas determinações, conceitos fundadores do que chamamos de 'nós mesmos', sem pensar na impropriedade do termo.

"O eu não é senhor em sua própria casa", disse-nos Freud, ao profetizar o quanto somos determinados por tudo que nos acontece, sem que tenhamos a consciência ou a propriedade de grande parte desses acontecimentos.

Peirce, cujo trabalho comentarei posteriormente, dizia que "sujeito é signo", falando de nossa propriedade de compreender e gerar signos, antes mesmo de nos representarmos até como unidade particular. E, ainda a esse respeito, Lacan colabora dizendo que: "O significante é o que representa o sujeito para outro significante". Isso nos leva a concluir que o inconsciente não só nos afeta, como também nos constitui.

Procurarei dar substância a essas questões no decorrer deste trabalho, para que possamos entender o homem, não apenas

Campos de estudo da psicossomática

pela noção que ele tem de si mesmo, mas também para — por intermédio dessa noção — chegarmos onde o sujeito realmente se estabelece como dono de seu desejo.

Em psicanálise se usa a fala do sujeito para se chegar ao que o organizou, mas que ficou fora do que foi dito. Procura-se o que é da fala para se chegar ao que o constitui como sujeito — fora do dito — o que poderíamos compreender como: "o que ele fala para ele mesmo sem saber por quê".

Ter a consciência de si é poder perdê-la em certo sentido; é não encontrá-la nas referências em que a procuramos, para nos podermos deslocar para o lugar da falta, fundadora do desejo. O homem funda-se e articula-se em sua própria falta; é o que chamamos de castração, que nada mais é do que a verdadeira possibilitação do desejo.

Não gostaria de fazer uma simples aproximação entre a psicanálise e o sintoma psicossomático, mas sim de recuperar uma forma inicial de compreensão para definir esse particular sintoma, que se organiza, a meu ver, sob circunstâncias bastante particulares e diferenciadas de outras estruturas que atingem a representação orgânica e não o próprio organismo em si. Assim, procurarei me valer de conceitos fora destas duas áreas — psicanálise e sintoma psicossomático — para que possa fazer essa associação entre o psíquico e o somático, por meio de fatores, que, ao se revelarem, apresentem as ligações íntimas que tão insistentemente nos escapam.

Apoio antropológico

CAPÍTULO
2

As transformações operadas pelo homem no meio ambiente em que vive demarcam o desenvolvimento de seu conhecimento. Conhecimento esse que lhe possibilitou fabricar utensílios com os quais pudesse obter e preparar alimentos, explorar os recursos da natureza, e capacitou-o perante suas dificuldades.

Desde seus primeiros passos no nosso planeta, o homem foi imprimindo seu estilo e sua forma no que vivenciava, ou seja, na organização em grupos, nas leis e nos tabus. Cada nova aquisição de conhecimento era produto de muitas experiências e de muitos desacertos.

A antropologia interessou-se primeiramente pelo que acontecia ao homem, como decorrência de seu contato com a natureza, como se a natureza fosse a única responsável pelas transformações produzidas no contexto social do homem. Até então, a participação das necessidades do homem ainda não era reconhecida como organizadora de mudanças. O modo humano de ser, sua forma característica de proceder, suas necessidades e desejos, não eram computados no estudo de sua interação com o meio ambiente. Avaliava-se o homem 'naturalisticamente', ainda sob os códigos de uma concepção romântica do que 'deveria' ser o homem, mas de forma muito distanciada do que ele é na verdade. A imagem que o homem tinha de si próprio refletia o

22 O sintoma e a dissociação psico-somática

que estava aprendendo do mundo e o induzia a se conceber no reflexo dessa imagem. O homem reconhecia-se no que via fora de si. Essa confusão predispunha à visão que chamei anteriormente de 'naturalística', por ser uma forma de se reconhecer por meio da projeção do que descobria a seu redor. O conhecimento de si próprio não pode perder-se em reflexos, mas deve originar-se da identificação do *modus operandi*, por intermédio do qual aplicamos nossas próprias marcas humanas ao meio no qual vivemos.

A concepção naturalística das organizações humanas em seu meio ambiente foi a tese de muitos antropólogos que acompanhavam as tendências da época, todas filiadas ao mesmo princípio, no qual predomina a visão romântica do homem.

Contemporaneamente a Freud, autores como Marcel Mauss, Malinowsky e Claude Lévi-Strauss, ao questionar as atitudes em relação ao meio como uma demonstração prática do que acontecia subjetivamente ao homem, procuraram um novo ângulo interpretativo. A partir desses autores pôde se reconhecer como o homem se organiza e se desenvolve dentro de seu meio, enfocando as disposições que dirigem o ser humano, e não o ser humano dirigido pela natureza. Não é à toa que a renovação antropológica tenha ocorrido paralelamente ao estruturalismo. Suas visões aproximavam-se no que tange à noção da perspectiva do funcionamento estrutural como organizador de comportamentos.

Na idéia de uma estrutura ativa está embutido o determinismo inconsciente, por intermédio do qual se apresentam todos os códigos em que estamos inseridos, além de todos

Apoio antropológico

os signos que nos determinam. Mas só percebemos a ação de tais códigos na esfera subjetiva como algo que se manifesta sobre nós, sem que tenhamos conhecimento dos 'porquês' de seu funcionamento.

Não é mais possível conceber o homem como senhor de si próprio e de seu meio ambiente, pois está preso a signos preestabelecidos, a conceitos em que foram articulados seu desejo e suas necessidades. Sua luta para se reconhecer, expressa as marcas da vontade de se libertar dos arranjos preestabelecidos, carcereiros de seu desejo e conseqüentemente de seus sonhos. Ao identificar-se por seus desejos, o homem expressa sua condição, e nos dá a possibilidade de compreendê-la.

O reconhecimento do determinismo inconsciente abre uma nova perspectiva para as ciências humanas, de acordo com a qual o homem não é mais 'senhor de si mesmo'. Ele agora reconhece as complexidades de seu funcionamento, as pré-concepções a que se submete, e a dependência de signos que evoluíram longe de seu conhecimento.

O homem, compreendido através do determinismo inconsciente, tem a possibilidade de se apresentar não só como produto de suas próprias ações, mas também como produto de outras externas, que participam insuspeitamente, até então, de sua composição como sujeito de si próprio. O determinismo inconsciente nos coloca na condição de reconhecer que o controle consciente imaginado não se sustenta perante os novos acontecimentos revelados a partir do inconsciente.

24   O sintoma e a dissociação psico-somática

As tribos primitivas nunca desprezaram a possibilidade de estarem sujeitas a algum tipo de ação não-conscientizável. Mesmo sem a teorização adequada, sempre lidaram com a hipótese de estarem sendo afetados por algo além de sua compreensão. Projetavam em entidades providas de poderes mágicos a questão dessa percepção e realizavam rituais em homenagem ao poder superior. A magia, sempre presente na cultura primitiva, era conseqüência de um pensamento ainda preso aos contextos imaginários, sem que suas concepções fossem mais bem formalizadas e articuladas simbolicamente. O pensamento mágico era transmitido em seu caráter imaginário, com toda a encenação necessária ao procedimento desse tipo de transmissão, para a qual o contexto precisa ser altamente aliciador, devido às características não muito bem estruturadas de seu conteúdo. A contaminação pelos conteúdos inconscientes era então atuada — poderíamos dizer — em rituais fantásticos, e transformados em procedimentos divinos e exteriores ao próprio sujeito. Embora esse procedimento pressupusesse a alienação da condição do sujeito, pois as entidades ganhavam um grau de representatividade quase concreto, o sujeito era deixado em contato com os conteúdos inconscientes. As determinações das entidades transformavam-se em procedimentos sociais de oferendas e proibições, que, por sua vez, agiam na composição dos estatutos do funcionamento tribal. Dentro desses estatutos, aquele que promovia a comunicação com as entidades e as transformava em orientações para a comunidade era o xamã.

Existente ainda hoje na grande maioria das tribos, o xamã tem por função interpretar os desígnios das entidades e o comprometimento da tribo para com eles. Na verdade, é alguém de grande sensibilidade para o que existe de inconsciente nas articulações sociais e ambientais, que se autoriza a proferir suas per-

Apoio antropológico

cepções subjetivas. Ele faz a 'ponte' entre o desconhecido que está para ser articulado e as necessidades sociais daqueles que o cercam, fazendo com que essa ligação tenha a tendência a evoluir, gerando espaço para as compreensões transformadoras.

Por meio dessa atividade do xamã, a tribo desfruta da possibilidade de incorporar, em momentos de crise e dificuldade, novas fontes de conhecimento, que são decisivas para o futuro das tribos, constantemente em risco de extermínio.

Altamente valorizados por sua comunidade, os xamãs realizam esse trabalho de enriquecer o conhecimento perante o desconhecido, o que aumenta o poder de adaptação de sua tribo.

A nova mentalidade de antropólogos que citei anteriormente permitiu que se fizessem investigações sobre as características do homem primitivo. Lévi-Strauss, na introdução à obra de Marcel Mauss, *Sociologia e antropologia,* em sua avaliação sobre a dança da chuva, discorre a respeito da magia e do pensamento do homem primitivo:

O juízo mágico, implicado no ato de produzir a fumaça para provocar as nuvens e a chuva, não se fundamenta em uma distinção primitiva entre fumaça e nuvem, com apelo ao **maná*** *para soldar uma à outra, mas no fato de um plano mais profundo do pensamento; identificar fumaça e nuvem,*

---

* "Sabe-se que em etnologia, pelo menos na fertilíssima hipótese de Claude Lévi-Strauss, o maná é uma espécie de símbolo algébrico, encarregado de representar um valor indeterminado de significação, vazio de sentido em si — e portanto suscetível de receber todo e qualquer sentido — cuja única função é a de preencher uma distância entre o significante e o significado" (p. 156) In: Roland Barthes, *Mythologies,* Paris, Seuil, 1957.

*de uma ser a mesma coisa que a outra, pelo menos numa certa relação, e esta identificação justifica a associação subseqüente, não o contrário. Todas as operações mágicas repousam na restauração de uma unidade não perdida, mas inconsciente; ou não completamente consciente, como essas próprias operações. A noção de **maná** não é da ordem do real, sim da ordem do pensamento que, mesmo quando pensa sobre ele mesmo, pensa sempre num objeto.*

Lévi-Strauss procura a unidade no ser humano, seu traço comum, seu 'princípio ativo', que rege as associações por que passam os conhecimentos ao se desenvolverem no pensamento. O objeto do pensamento está sempre se modificando, mas o que interessa aqui é *como* se modifica, que caminhos segue essa modificação; o que nos dará as pistas necessárias para a premissa básica de que parte o ser humano, em sua concepção estrutural. Talvez pareça infantil hoje acreditar que a fumaça possa fazer formarem-se nuvens, mas o que conhecemos hoje das nuvens e das chuvas, e que nos permite rir dessa suposição, é fruto da evolução da expressão 'nuvem de chuva' como objeto do pensamento. A mesma função do pensamento que associou fumaça a chuva associou posteriormente as condições barométricas e as propriedades físico-químicas da água para ocupar contemporaneamente nosso pensamento. Na verdade não mudamos nada, o que evoluiu foi o objeto do pensamento, com o conhecimento adquirido. Hoje, temos apenas o privilégio de fazer com que o funcionamento do pensamento recaia sobre um objeto mais desenvolvido; basta lembrar os mais variados tipos de talismãs e tabus com que nos socorremos quando não encontramos um objeto adequado em nosso pensamento. Ou seja, não estamos tão longe quanto imaginamos do pensamento mágico e do homem primitivo. Quando o

Apoio antropológico

objeto do pensamento não corresponde às necessidades, percebemo-nos na mesma estratégia primitiva de composição, a qual se caracteriza não como um grande absurdo, mas como uma maneira de recuperar os mecanismos básicos de integração de conceitos, de interpretações sígnicas, para fazer evoluir o objeto no qual se atém o pensamento.

Gostaria de citar Lévi-Strauss no mesmo texto anterior:

Esse sistema integrado, a magia, surge exatamente frente à impotência do racionalismo, expondo nesse momento a preponderância do todo sobre as partes, mas sem se desvencilhar de seu poder totalizador.

Nesse poder, as diferenças são sobrepujadas e através das identidades criam-se igualdades sobre passos metonímicos muito semelhante ao funcionamento inconsciente.

Assim, Lévi-Strauss procura decodificar os passos da identificação de conceitos por meio de uma unidade totalizante, princípio que rege as aproximações de signos sobre um determinado ponto em comum, selecionado a partir da unidade. Esse traço comum vem do que nos constitui dentro da unidade, como elementos da grande cadeia de acontecimentos vitais, indistintos das outras espécies do reino animal e também do vegetal.

Nunca se chega ao Real da existência porque ele é a própria essência, inatingível diretamente como objeto do conhecimento. Ao mínimo contato com a representação, o Real já perde essa característica, para se tornar apenas um aspecto da realidade concebida de forma particular. Como Real só existirá por si mes-

28 — O sintoma e a dissociação psico-somática

mo, independentemente do que possamos representar de sua expressão. Nosso contato com ele se dá apenas por meio de sua expressão, ou seja, ele só pode ser 'tocado' por intermédio da representação que podemos fazer.

Nossas condições de integração à vida não estão completamente disponíveis à consciência, assim como os comandos fisiológicos do ritmo cardíaco e respiratório, da produção hormonal também não o estão. Esse 'algo' maior, ao qual estamos submetidos, não se reduz ao plano da consciência — muito pelo contrário —, a consciência é apenas um de seus produtos, o que nos caracteriza como espécie, mas não nos coloca num plano superior, apenas nos ajuda a compreendê-la, a fazer um uso integrativo de suas condições; quanto mais nos ativermos a essa questão, mais nos poderemos valer de seus princípios associativos, os quais descobrimos no modo de funcionar do pensamento sobre seu objeto.

Esse conceito de Real, escrito com R maiúsculo, está incorporado a este trabalho para se diferenciar de *realidade*, que, como foi visto anteriormente, tem relação com a representação de sua expressão. Esse conceito é introduzido a partir de estudos de Peirce e de Lacan, dentro da conceituação das três categorias: *Real, imaginário e simbólico*.

Lucia Santaella, em seu livro *Assinatura das coisas*, assim se refere ao Real e a seu compromisso com os signos:

Real é a causa, aquilo que persiste, e a verdade é busca, aquilo que prossegue. O Real persiste porque é aquilo que resiste ao signo e que, por resistir, determina o signo.

Apoio antropológico

A verdade prossegue porque quer ser Real, mas só pode ser signo. A posição do intérprete, quando ele é movido pelo ideal ético, é a de estreitar, aproximar a brecha que separa o Real da verdade.

Para estreitar essa brecha, produzem-se os signos. Os signos não se perdem na deriva porque o Real constrange o signo ao chamamento da verdade (Santaella,1992, p. 192).

A unidade totalizante de Lévi-Strauss segue esses mesmos parâmetros semióticos. O constrangimento do signo pelo Real o garante como o total da unidade que produz os signos.

Enquanto a verdade sabe-se um signo, a unidade totalizante estará preservada. Os problemas surgem quando a verdade toma-se pelo Real, perdendo as bases identificatórias que possibilitariam ao menos o anseio, o apelo ao Real.

O pensamento antropológico contemporâneo procura decodificar dentro das instituições humanas o padrão de seu funcionamento interior e inconsciente; acompanhando-o, podemos ir mais além, com Lévi-Strauss em sua introdução sobre Marcel Mauss:

Acreditamos que as noções de tipo 'maná', tão diversas quanto possam ser, e encaradas em sua função mais geral, representam precisamente esse significante flutuante que é a servidão de todo pensamento acabado (mas também a garantia de toda arte, de toda poesia, de toda invenção mítica e estética), se bem que o conhecimento científico seja capaz, senão de estancá-lo, pelo menos de discipliná-lo parcialmente.

Em outros termos e inspirados no preceito de Mauss de que todos os fenômenos sociais podem ser assimilados à linguagem, vemos no 'maná' e no wakan, e em outras noções do mesmo tipo, a expressão consciente de uma função semântica cujo papel é permitir que o pensamento simbólico se exerça apesar da contradição que lhe é própria.

De fato, o maná é tudo isso ao mesmo tempo, mas, precisamente só o é porque não é nada disso: simples forma, ou, mais exatamente, símbolo em estado puro, não é portanto suscetível de atribuir-se qualquer conteúdo simbólico.

O pensamento necessita de funções como essa — o símbolo em estado puro — para que novos arranjos associativos possam estabelecer-se. Assim, abrem-se portas para diversas interpretações do mesmo fato, o que permite o enriquecimento do objeto do pensamento, e conseqüentemente a evolução da linguagem, uma vez que esta passa a incorporar formas novas a seus objetos.

Lévi-Strauss cita Marcel Mauss no texto acima : "Todos os fenômenos sociais podem ser assimilados na linguagem". Por suas características, a linguagem age sobre os fenômenos sociais e também sofre sua ação; assim dependentes, um concorre para a evolução do outro, possibilitando revitalizações, tanto no objeto do pensamento quanto nas instituições sociais.

O 'conhecimento científico', assim reconhecido por trabalhar com um objeto real, desconsidera a ação do inconsciente, por não poder demonstrá-la. Sua preocupação é exclusivamente com o objeto do pensamento, e não com as formas de pensamento.

Apoio antropológico

O significado, como expressão simbólica, é insuficiente para traduzir toda essa gama de operações que acontecem independentemente de nosso controle lógico. A significação fica sempre devendo, ante a infinitude de interpretações, ou seja, será apenas o enunciado da organização do pensamento que a produziu.

Marcel Mauss, em *Sociologia e antropologia*, assim se refere às categorias do pensamento:

É preciso, antes de tudo, formar o maior catálogo possível de categorias; é preciso partir de todas aquelas das quais é possível saber de que os homens se serviram. Ver-se-á então que ainda existem muitas luas mortas, ou pálidas ou obscuras no firmamento da razão.

Por incrível que possa parecer, as categorias do pensamento são menos privilegiadas que seus próprios objetos. Permitimo-nos esquecer os meios de produção dos objetos sígnicos do pensamento; e, nesse caso, os fins não justificam os meios, porque são esses meios que nos demonstram a complexidade do ser humano e a fragilidade de sua consciência.

As sociedades primitivas privilegiam o ser como um todo. Por serem mais prementes as necessidades de adaptação, não as perdem de vista, e as usam na busca da unidade do pensamento, na interação com seu habitat e no desenvolvimento de suas funções sociais.

Ao inconsciente é reservado o papel de coadjuvante na medicina contemporânea, muito mais preocupada com os mecanismos fisiopatológicos. É necessária uma revisão, como a que foi feita na antropologia, para recuperar o conceito de homem dentro da visão estruturalista; para estudá-lo em suas ações, como produto da unidade de seu pensamento e de representações que permitem o crescimento de seus objetos.

O conceito de doença psicossomática, como proposta de estudo, necessita da recuperação da unidade do pensamento, a fim de que o contexto ao qual o ser humano está inserido, sem ter a devida consciência, possa ser recuperado. Recuperar o sujeito em sua unidade, em sua forma de estar no mundo, é reconsiderá-lo sob a ação de infinitos estímulos e das mais variadas representações.

A proposta psicossomática é a de reencontro com o 'um'. Nessa proposta, o ser humano busca a si próprio em aproximações e identidades com tudo que o rodeia, até mesmo com o que ainda lhe é desconhecido; mas que guarda, escondida, uma ponte para a aproximação — já que tudo o que nos acontece vem do mesmo contexto; e, portanto, existe sempre a possibilidade de representação. Resta encontrar as condições de interpretar os pontos de aproximação e os meios que justificarão a futura conceitualização.

Psico-somática: o conceito

CAPÍTULO 3

O próprio termo *psicossomática* traz em si as dificuldades relativas à sua compreensão, uma vez que designa a quase totalidade dos fenômenos humanos, ou seja, não enfatiza nada de específico, e muito menos anuncia alguma patologia. No entanto, esse é o termo correntemente usado para fazer referência a um determinado conflito psíquico com expressão sintomática por meio de afecção orgânica. Para que possamos considerar o termo *psicossomática* especificamente, e até estudá-lo, precisamos definir a natureza do conflito psíquico envolvido em suas relações com o desequílibrio orgânico.

A psicanálise tem sua origem confundida com a descoberta da histeria. Por meio de sua sintomatologia é que se compreendeu o funcionamento dos mecanismos neuróticos. Pela primeira vez na história da medicina, uma doença era explicada por sua causa emocional, o que deu origem à descoberta do inconsciente. No entanto, a organização desse conhecimento acabou, com o passar do tempo, setorizando entidades patológicas como orgânicas ou não-orgânicas. A dificuldade parece mesmo ser uma limitação de nossa cultura ocidental: quando damos um passo no sentido da unicidade, a força contrária da fragmentação aumenta proporcionalmente. Apesar da grande revolução que foi a descoberta do inconsciente, pouco a aplicamos na compreensão das somatizações e, principalmente, na psicossomática.

Pela caracterização orgânica dos processos fisiológicos, isolamos a contribuição psíquica, como se uma coisa não tivesse nenhuma relação com a outra; situação semelhante à que ocorria na época 'pré-Freud'. Ou seja, os quase cem anos de desenvolvimento do conhecimento estancados à porta dessa contradição, num bloqueio assustador e alarmante. Por que tamanha resistência — especialmente nesse ponto — já que no caso das neuroses ninguém mais lhes atribui causas orgânicas? Por que é tão persistente a dissociação entre o psíquico e o somático, se um não existe sem o outro? Essas são questões a respeito das quais não pode haver omissão.

O conceito de sintoma foi profundamente abalado pela descoberta do inconsciente. Até que isso acontecesse, o sintoma era tido como o reflexo direto de uma causa, com a qual guardava uma relação de correspondência direta: causa-efeito. Não se supunha até então que o caminho para o sintoma fosse percorrido em etapas muito distantes da consciência, tamanha a confiança que se tinha na primazia da consciência. Era difícil imaginar que as respostas orgânicas do sistema imunológico, dos hormônios, sofressem influência dos estados de humor, e que este também sofresse influências de mecanismos inconscientes. Foi preciso que Freud, em seu trabalho junto com Charcot, também neurologista, notasse certas paralisias com sintomas 'atípicos' para os padrões de anatomia do sistema nervoso central e periférico, e assim supusesse a atuação de algo ainda não reconhecido, para posteriormente comprovar sua existência e batizá-lo de 'histeria'. Examinando as pacientes (a histeria era quase exclusiva das mulheres), Freud pôde notar que, além da 'atipicidade' sintomática,

Psico-somática: o conceito   35

havia a possibilidade de reversão do quadro, utilizando-se procedimentos sugestivos.

Naquela época, estava em voga uma técnica de cura chamada de 'magnetismo animal', uma espécie de infusão de energia que teria a propriedade de resgatar a saúde. Esse método era desenvolvido pelo frei Antão Mesmer, o que motivou o nome de 'mesmerismo' para esse tipo de tratamento. Figura muito controversa, Mesmer percorria a Europa cuidando da saúde das pessoas, fazendo uso de seu método, que consistia em colocar a mão sobre a testa do doente e infundi-lo com ondas de energia que passariam pela ponta de seus dedos. Para alguns, isso era totalmente inútil, enquanto para outros promovia 'curas milagrosas'. A coincidência que chamou a atenção de Freud foi que as pessoas que melhoravam eram exatamente as 'atípicas', as outras nem se abalavam. Freud, preocupado com o fator que interagia, tanto na 'atipicidade', quanto em sua recuperação — improvável nos quadros neurológicos —, observou com cuidado as características emocionais dessas pacientes, por notar um certo padrão em sua forma de ser.

Chamou-lhe particularmente a atenção a 'fragmentação' do discurso histérico. As variações dentro de um mesmo tema, exageros e esquecimentos, teatralidade, caracterizavam a forma de ser histérica, e puderam ser percebidos por Freud como a manifestação particular de um conflito. As paralisias eram apenas expressões finais de uma longa cadeia de acontecimentos, que se mantinham na maior parte ainda distantes da consciência. Ao centrar-se no discurso e não no sintoma, Freud promove o salto estrutural — semelhante ao que acompanhamos na antropologia —, ou seja, passa a decodificar nas ações humanas uma marca, um índice de seus esquemas de funcionamento.

Ao desviar a atenção clínica para o discurso, Freud relegou o sintoma a uma posição secundária. Ficou claro que nem sempre o sintoma guarda uma relação direta de causa e efeito com uma afecção; no caso da histeria, não havia uma afecção e sim uma forma particular de expressar-se que refletia tendências subjetivas, insuspeitas para o próprio sujeito, as quais se refletiam em seu desempenho. Analisá-lo poderia fazer com que se revelasse a essência do que confundia o sujeito, até mesmo para si próprio.

Lacan, em seus *Escritos,* diz :

Já está claro que o sintoma se resolve inteiramente numa análise de linguagem, porque ele próprio é estruturado como uma linguagem, que ele é linguagem cuja fala deve ser libertada (Lacan,1992, p.133).

A linguagem, em seus padrões individuais, aprisiona o sujeito em regras criadas intra-subjetivamente, à revelia da consciência. Formas muito particulares de interpretar o Real, não como ele realmente se apresenta, mas como deveria apresentar-se para ser reconhecido pelo Outro, aquele por quem pretendemos ser reconhecidos eternamente como objeto do desejo, caracteriza uma terceirização, uma mediação, da relação com o Real.

O discurso assim formado denuncia, em sua expressão, a mediação da relação com o Real e a configura na relação com o Outro, segundo as formas preestabelecidas inconscientemente. A repetição do sintoma denuncia o conflito expresso por meio do discurso, quando lido em sua mediação pelo Outro, em quem se procura o reconhecimento como objeto de seu desejo.

Psico-somática: o conceito   37

Recompondo a estrutura conflitiva, o discurso já traz em si as contraditórias implicações de seus desígnios. Desígnios esses formados em precoces momentos da vida, em que privilegiar o amor do Outro, que protege e alimenta, parece a única possibilidade ante a condição de imenso desamparo da criatura humana em seu estado primitivo, de carência e de inaptidão quase completa para sobreviver. Garantir-se por intermédio daquele que imaginariamente vivesse para cuidar do desamparo alheio parece ser a única condição de sobrevivência. Alimentar-se do amor do Outro, tornar-se imprescindível, custe o que custar, leva a desejar ser aquilo que o Outro deseja, e de preferência para sempre.

Ser aquilo que o Outro deseja acarreta a particularização de uma linguagem, composta de índices e signos, só reconhecidos nesse contexto intra-subjetivo, em que o Real é interpretado em toda sua riqueza significativa, pela da mediação redutora do desejo do Outro. A percepção analítica dos elementos mediadores, ao discurso do Outro, expressos na linguagem são os caminhos por onde se pode perceber o compromisso da alienação de si próprio no desejo do Outro.

O sintoma se estabelece dentro dessa linguagem mediada, como conformação a um sentido discursivo que visa a manter-se como o objeto de desejo do Outro. Para interpretá-lo, é necessário manter a objetivação desse critério. As fobias, as compulsões, as paralisias nada mais são do que formas por meio das quais o sujeito consegue permanecer imaginariamente amado e protegido pelo Outro.

Interpretar os sintomas isoladamente é desconsiderar toda a construção da linguagem, pela qual o sujeito se comunica com

38   O sintoma e a dissociação psico-somática

aquele que considera a fonte da vida e de suas possibilidades como ser humano.

Não podemos deixar de ter em conta essa descoberta, qualquer que seja a manifestação sintomática, mesmo nas mais simples constatações clínicas, porque a resposta dos pacientes ao mesmo agente infeccioso é muito variável e também sofre a interferência da estrutura subjetiva individual, expressa por uma linguagem própria que, por suas características de interação com o meio ambiente e com aqueles que o rodeiam, determina um humor característico, pronto a interferir com o sistema imunológico.

Desde a descoberta do tratamento da tuberculose e de sua fisiopatologia, sabe-se o quanto o humor deprimido reduz a eficiência imunológica. Ao administrar Imao (inibidores da monoamino-oxidase) a pacientes tuberculosos, observou-se que, mesmo sem conseguir atuar diretamente sobre os bacilos, essa medicação ajudava o processo de restabelecimento. Isolado, seu efeito comprovou ser eficiente na recuperação do humor deprimido; efeito esse posteriormente aproveitado nos pacientes deprimidos endógenos.

O antidepressivo melhorava indiretamente o humor do paciente tuberculoso, o que possibilitava o maior desempenho de outra medicação específica contra o bacilo. Complementados, antidepressivo e tuberculostático, houve a possibilidade de controlar a fúria devastadora do bacilo, que ceifava muitas vidas naquela época, principalmente dos indivíduos de temperamento mais depressivo. Essa relação entre a depressão e a doença está admiravelmente descrita em *A montanha mágica*, de Thomas Mann. Quem se interessar, encontrará lá as reações ao

Psico-somática: o conceito 39

confinamento e a prostração extrema a que se entregavam os pacientes já desenganados.

As vias bioquímicas da relação entre o humor e a imunologia ainda carecem de muitas investigações para que possa haver um acompanhamento medicamentoso comprovadamente eficiente, mas isso não invalida — pelo contrário reforça — a necessidade de compreendermos o doente como um todo, dentro de sua linguagem própria, reflexo da estrutura básica de seu funcionamento subjetivo. Estrutura essa que pode estar preparada, de uma forma inconsciente, para representar dissociadamente o psíquico e o somático.

A dissociação entre o psíquico e o somático deve-se a interpretações muito distorcidas do Real — digo muito, porque a apreensão do Real nunca será total —, deixa-nos sempre aquém do fato em si. Isso por ser um objeto dinâmico e sempre objetivado de infinitas formas ditada pelas caraterística momentânea do observador, mas que nunca será o Real como ele é, apenas sua representação particular.

Assim se introduz a subjetividade do observador, que verá o mundo não exatamente como ele é, mas como ele está preparado por sua estrutura subjetiva a representar, em circunstância do contato direto com o Real. Conseqüentemente, verá um mundo onde se projetam as pinturas que faz de si próprio, sem que tome consciência de seus funcionamentos inconscientes que assim procedem.

Freud, em *Introdução ao narcisismo*, define a condição da criança em sua relação com o Outro. A criança se incorpora ao desejo do Outro, em função do desconhecimento de si própria e da conseqüente elaboração da defesa onipotente projetada no Outro, como um lenitivo para sua ameaça de falência emocional. A defesa onipotente e sua conseqüente projeção não podem ser consideradas patológicas, se no decorrer do desenvolvimento perdem seu lugar para uma discriminação maior da realidade, que aos poucos vai se impondo e orientando os mecanismos perceptivos.

O que determina a condição patológica é o encontro da condição circunstancial da criança com o desejo correspondente, não resolvido, daquele que pretensamente deveria poder reaproximá-la da realidade. Ao adulto é extremamente sedutor reconhecer-se como centro do mundo da criança amada; preservar-se imprescindível e insubstituível como objeto de amor. Caso esse desejo não esteja bem resolvido no adulto, ele, que deveria ser um intérprete da realidade para a criança, passa a constituir-se na própria realidade, e, dessa forma, apenas aquilo que é dito por ele passa a ter valor, em detrimento das próprias percepções da criança, cada vez mais alienada no narcisismo do adulto, tendo-o como a própria fonte de vida.

O poder fálico do adulto em relação à criança pode conduzi-la à interpretação gradativa da realidade ou à manutenção dos vínculos narcísicos, nos quais os desejos articulam-se para o Outro e não para as próprias faltas mobilizadoras dos processos adaptativos à realidade.

Tal como a noção de realidade, a dissociação entre o psíquico e o somático pode estar desagregada pela alienação ao desejo do Outro, caracterizando um contexto narcísico, já que o

Psico-somática: o conceito

corpo é representado onipotentemente como infalível e indestrutível, à semelhança da idealizada imagem do Outro.

Estaríamos mais próximos da verdade e de uma definição, se colocássemos um hífen entre os termos *psíquico* e *somático*, enfatizando assim a dissociação na representação da realidade, criada pela separação imaginária da unidade à qual se deveria estar identificado e não-dissociado.

De agora em diante, diferenciarei acontecimentos *psicossomáticos,* como aqueles a que estamos expostos pelas circunstâncias da vida, dos outros *psico-somáticos*, em que os processos dissociativos interpretam distorcidamente essa unidade, fazendo-a parecer separada e contribuindo, assim, para a desorganização que posteriormente interferirá fisiologicamente.

Estarei, dessa forma, associando um conflito, que explicitarei em capítulos futuros, a comprometimentos fisiológicos, denotando uma forma estrutural específica desse tipo de comprometimento, diferente de outras somatizações, que passarei agora a definir, com o intuito de colocar o *psico-somático* como um grupo dentro das diversas somatizações, uma categoria própria, que se manifesta sintomaticamente por meio do comprometimento orgânico.

Classificarei as somatizações antes de me ocupar da estrutura *psico-somática* propriamente dita para que as outras estruturas, já bem conhecidas, possam servir de referência ao que posteriormente será estudado.

As somatizações

CAPÍTULO

4

Somatizar está incorporado ao discurso coloquial como sendo a manifestação orgânica de algo psíquico. Nem sempre é assim. Muitas vezes, a manifestação considerada orgânica apenas oculta sob sua aparência a verdadeira origem de seu conflito.

Estarei estudando neste capítulo essas categorias, que podem gerar muita confusão ao serem consideradas psicosomáticas, pois na verdade o corpo não está afetado, apenas é representado como tal.

Categoria I: histeria

O mecanismo de formação do sintoma da histeria precisa ser conhecido para que possa ser diferenciado do psicosomático. Primeiramente, na histeria não existe uma afecção orgânica, ou um distúrbio fisiológico. Os mecanismos orgânicos, embora preservados, estão inibidos em sua expressão. A histeria, devido a seus funcionamentos próprios, é muito propícia a criar inibições de diversas naturezas: paralisias, parestesias e certas cenestesias. Isso ocorre devido a seu funcionamento estrutural, caracterizado por deslocar as inibições psíquicas para uma inibição de outra natureza, deslocada de sua representação original. Assim, esse duplo mecanismo defensivo — inibição e deslocamento — acaba comprometendo uma outra área, distante da original, mas que guarda relações associativas com esta, por meio da inibição e não mais do conteúdo reprimido, o que acaba originando a função inibida. Dentro da economia histérica, o importante é que o conteúdo reprimido permaneça assim, mesmo que seja à custa de inibições, que, por estarem a serviço da economia repressora, ganham a expressão de um gozo não-conscientizável, ocultando a representação ameaçadora.

A inibição original, não a sintomática, já produto de um deslocamento, é feita às custas de uma diminuição na categoria libidinal que passa de genital para pré-genital. As representações associadas ao desejo que poderia levar à relação sexual são descaracterizadas por mal-estares, tais como: enjôo, nojo, dificuldade para respirar etc., ativadas com a finalidade de levar a preocupação para um pretenso descontrole em áreas em que a ameaça não se configure como sexual. A preocupação nesse nível inibe o desejo sexual, pela interposição do descompasso centralizador das atenções em áreas superativadas pela demanda sexual deslocada. Lida-se nessas situações com a ameaça derivada da representação sexual.

Em conseqüência da inibição, o conflito fica deslocado para outra área, a qual se torna atingida pela sobrecarga libidinal, e fica impotente para resolvê-la, já que não está preparada para esse fim. Percebe-se que a inibição sintomática é decorrente da impotência com relação à sobrecarga libidinal a que está submetida a função.

A tarefa da análise é reconstituir esse trajeto e acomodar a representação reprimida, atuando sobre as fantasias subjacentes à questão, tornando possível sua reintegração dentro da cadeia

As somatizações 45

simbólica, o que possibilitará a reativação de suas funções primariamente inibidas.

No sintoma psico-somático propriamente dito, o corpo é acometido, as tensões recaem sobre ele ou não se derivam adequadamente, como veremos mais adiante. Ele não se torna impotente ou inibido, mas entra em sofrimento e pode desorganizar-se gravemente.

Basicamente o sintoma histérico opera um certo 'esquecimento', ou seja, esquecem-se os envolvimentos genitais, agora deslocados para áreas operativas orgânicas. Existe então uma desativação dos canais associativos, sem que o material fique perdido, mas apenas temporariamente fora do contexto estrutural simbólico, o que não significa que não possa ser reintroduzido.

O material representativo pode ser reativado, dependendo de condições específicas que possibilitem a reorganização da cadeia associativa. Isso permite dizer que o histérico esquece por não ter como fazer sobreviverem os fatos esquecidos, sem que isso acarrete uma perigosa ameaça a seu sistema defensivo, ao qual está profundamente ligado, permitindo-lhe acreditar se lembrar apenas do que não lhe é ameaçador. Assim, o histérico esquece para não morrer em sua forma particular de ter sentido, e goza ao preservar-se dissociado, como uma denúncia viva daquilo que lhe falta.

Uma paciente, vítima de brutalidade sexual aos sete anos de idade, passou por diversos neurologistas por ter perdido a fala após o incidente — que não foi revelado a ninguém, nem mesmo aos familiares ou aos médicos. A governanta, muito religiosa, que cuidava da paciente e de sua irmã, também foi violentada, sem que pudesse defender-se ou defendê-las. Após o incidente, esta proibiu-as de contar, a quem quer que fosse, o acontecido, por se tratar de algo muito ruim e sujo e que, portanto, não deveria ser comentado.

Essa situação foi vivida num grau extremo de abandono, já que as duas crianças eram mantidas longe da família, cuidadas apenas pela governanta, que por sua vez era extremamente fechada em seu mundo religioso. Apesar dos ferimentos sofridos pelas meninas e pela governanta, o fato pôde ser mantido em segredo, pois esta justificou os ferimentos dizendo terem sido causados por uma luta violenta com os assaltantes. O fato de estarem as crianças distantes da família e atormentadas pela brutalidade do acontecimento impediu que o acontecimento tivesse qualquer associação representativa e que conseqüentemente evoluísse para uma inibição dissociativa.

Assim constituída, a inibição possibilitou que os acontecimentos relacionados ao trauma permanecessem 'esquecidos', ou que este permanecesse desligado das possíveis associações que poderiam fazer com que a carga de tensão fosse sendo aliviada.

A idéia de que, privilegiando o segredo, o incidente ficaria para sempre desconhecido dos outros, outorgava a ele um certo caráter de inexistência, de 'esquecimento', já que o julgamento de realidade estava deslocado para o Outro, e, sendo assim, se o fato estivesse esquecido do Outro, ele poderia deixar de existir como registro simbólico. A conseqüência disso é a inibição de todo o processo da fala, já que não falar é que estaria possibilitando sua coerência significativa para o Outro, em detrimento de

As somatizações

todo o processo de avaliação e representação do fato traumático. Nesse caso não há como a situação evoluir; e, portanto, ficará estagnada como desenvolvimento representativo, o que sempre se anunciará por meio de sonhos e angústias, evocadas a partir de outros acontecimentos da vida em que se reflete a estagnação representativa.

A mediação representativa, constituída a partir do Outro, coloca sua interpretação na condição de verdade absoluta, chegando, numa situação como essa, ao absurdo de fazer o sujeito acreditar que escondendo do Outro estaria escondendo de si mesmo.

Os neurologistas consultados mantinham-se presos aos exames, cujos resultados eram sempre negativos, sem saber do ocorrido, nem das formações resistenciais inibitórias. Receitavam tranqüilizantes e não conseguiam elaborar nenhuma hipótese convincente para o caso. Passados dois anos e meio, a menina voltou a falar, deixando os fatos traumáticos sem um encaminhamento representativo. A inibição já ocupava uma grande parte de sua estrutura interna, deixando-a alheia aos acontecimentos de sua vida, como se nada a atingisse. O funcionamento inibido só veio a ser descoberto mais de vinte anos depois, em sua análise. O que tornou possível que ela pela primeira vez se referisse aos acontecimentos.

A comunicação, dessa forma desautorizada, impede a elaboração do trauma e passa a integrar em sua estrutura a participação do conflito psíquico, já integrado à estrutura subjetiva da paciente.

O sujeito histérico guarda uma certa indiferença com relação a seu sintoma, como resultado dos esforços da inibição, que lhe permite acreditar no pressuposto do descrédito a que se entrega, causando-lhe a fantasia de triunfo sobre o acontecimento. Fantasia essa que compromete a devida elaboração traumática, indispensável ao seu desenvolvimento emocional.

Seria uma aventura interminável tentar classificar todos os sintomas histéricos, pois sua expressão final, como vimos no caso anterior, está condicionada a toda uma trama associativa, regida pela repressão da representação. Portanto, seria mais prudente que se organizasse o conceito a partir de sua estrutura conflitiva, expressa por via de seu discurso, e não pela simples descrição do fenômeno, por ser esta impotente para traduzir os mecanismos que regem a composição do sintoma.

A psiquiatria clássica, por não reconhecer devidamente os conceitos psicanalíticos, permanece restrita à fenomenologia do acontecimento neurótico e à mercê da infinidade dos sintomas, que têm como traço comum apenas o descontrole. Tentar organizar esses sintomas é uma tarefa exaustiva, que não leva em consideração todo o conhecimento adquirido sobre o funcionamento do inconsciente.

Mesmo com todas essas evidências, a psiquiatria ainda procura entender a histeria por meio de seus sintomas, classificando-os e usando medicações apenas sintomáticas sedativas, sem interferir na origem do conflito.

Os médicos devem se lembrar de que, ao diagnosticar uma inibição, a histeria é sempre uma hipótese a ser levantada, e que essa inibição não deve ser relegada ao tratamento sintomático com tranqüilizantes, mas reconhecida como um sinal, para que a

As somatizações 49

estrutura possa ser revelada por meio de uma análise, a qual permitirá ao paciente começar a falar daquilo que até então era um sofrimento inconsciente.

Fenomenologicamente, o sintoma neurótico se caracteriza por um descontrole que leva o sujeito a um estado de angústia, embora sem as interpretações delirantes de um psicótico. O paciente relata que seus receios são infundados, mas que, por mais que tente, não consegue refutá-los, permanecendo submisso aos acontecimentos elaborados com persecutoriedade e auto-referência.

Assim sendo, os acontecimentos vindos do Real não conseguem influir na cadeia associativa simbólica para que possa orientá-la, deixando o sujeito perdido em sua trama delirante, condenado à inconsciência de seu processo estrutural, responsável por sua alienação.

Dessa forma, todos os sintomas neuróticos têm como ponto comum, em sua apreensão fenomenológica, um descontrole; todo o resto são fantasias que não definem o fenômeno, apenas o 'enfeitam'. Parece-me quixotesca a fantasia de classificar as neuroses pelo sintoma, como alguns psiquiatras propõem.

Nas somatizações histéricas, existe uma certa adesão ao sintoma, ou seja, há uma estranha harmonia entre o paciente e seu sintoma, reconhecido com intimidade e ao qual aquele se sente profundamente ligado e até identificado. Se não se estiver atento a essa particular relação entre o sujeito e seu sintoma, poder-se-á estar correndo o risco de, ao abordar o sujeito por intermédio do sintoma, colocá-lo em uma situação de angústia, o que acarretará a readaptação estrutural, tornando possível a criação de novos sintomas.

Confundir psico-somático com histeria pode causar sérios prejuízos para os dois lados. Do lado da histeria, o paciente fica sem compreender a estrutura inconsciente criadora de seus sintomas, estando sujeito a todos os tipos de medicações sintomáticas, totalmente supérfluas e às vezes até iatrogênicas. No lado psico-somático, o tratamento da sintomatologia orgânica deve ocorrer rapidamente, independentemente de sua origem emocional, para que o processo seja detido em sua autonomia fisiológica. Não é porque o sintoma tem sua origem no conflito subjetivo que o tratamento do processo orgânico não deva ser iniciado prontamente. Iniciada a alteração fisiopatológica, ela responde e evolui de uma forma própria, que precisa ser privilegiada e medicada especificamente. O importante é que não se deixe o paciente sem resposta quanto à causa de sua somatização, e que a partir dela o sujeito possa nutrir-se de requisitos para um reconhecimento melhor de si próprio e conseqüentemente para a evolução de seu ser.

O sintoma é um sinal que, se percebido como tal, concorre favoravelmente para as incorporações construtivas do processo vital a que estamos submetidos.

Categoria II: hipocondria

O termo *hipocondria* nos lembra mania de doença; um armário lotado de todos os tipos de remédios; um sujeito poliqueixoso — sempre incomodado por alguma dor misteriosa; constantes lamentações de alguém atormentado pelo mal ao qual

As somatizações 51

permanece intimamente ligado. Observam-se nas queixas e pre-ocupações dessas pessoas o fascínio dos apaixonados. As dúvidas e preocupações que as afligem revelam o idílico tormento daquele que se entrega ao amor de alguém e sofre pelo que lhe pode suceder. O discurso hipoconcríaco é ambivalente, capaz de desenvolver profunda irritação naquele que procura introduzir-se nessa 'relação', pois perceberá que ali não existe espaço para mais nada, que a queixa e o queixoso relacionam-se de uma forma absolutamente dependente, como se não precisassem de mais nada, como se estivessem totalmente completos, alimentando-se um do outro. Seria possível pensar num 'adoecer libidinoso', em que a queixa e a dor cumprem um ritual de sedução.

O hipocondríaco exibe a capacidade de sofrer como um predicado, um atributo, que pudesse seduzir alguém a ser o objeto de tão apaixonado sofrimento. Pouca coisa resta ao universo do sujeito hipocondríaco que escape das mazelas e de sua dependência em relação a elas. Está totalmente imerso num monólogo com o sofrimento e suas vicissitudes. As dores orientam sua vida: escolhe passeios e compromissos em função das restrições e limitações a que está 'condenado'.

Vive as imposições de seu sofrimento, conjugando suas impossibilidades à predestinação que o destino lhe impôs. Mas, ao invés de revoltar-se, resigna-se ao injusto destino que lhe coube, ostentando a conformação dos grandes mártires, apaixonados pela imagem de si próprios e pela condenação a que se sentem submetidos. Carrega seu sofrimento como uma insígnia, que dita normas quanto ao procedimento dos outros para com ele. Todos devem saber que ele sofre e está incapacitado; cuida para que se olhe para ele com indulgência e compaixão, para que não se possa exigir dele mais do que o pouco que pode dar (e que esse pouco seja mais que o suficiente, já que parte de alguém profundamente debilitado).

Cria-se à volta do sujeito hipocondríaco um sistema que visa à uniformidade do procedimento para com ele, conforme a imagem que faz de si próprio. Não se pode duvidar de sua dor, nem revitalizá-lo com incentivos e bons prognósticos. Ele os desfaz a todos, querendo tornar a impossibilidade seu meio de vida. Nada se pode tirá-lo desse lugar sagrado, onde tudo lhe chega como espera que seja. Todos rendem-se ao seu desígnio e submetem-se aos caprichos de sua imunidade de sofredor.

Desacatar a certeza de um hipocondríaco leva-o ao descontrole. A dúvida é sentida como uma ameaça, uma traição, e ele então reage, prontamente e com raiva, culpando aquele que passa a ser um oponente, um usurpador de sua condição de intocável. Sua doença não deve ser colocada em questão; todos devem apenas se submeter a ela, como ele o faz. Seu poder está organizado no domínio que estabelece sobre qualquer um que se aproxime, dele e de sua condição. Essa é uma forma sadomasoquista de relacionar-se, pela qual permite que suas trocas afetivas se realizem, sob a tutela das imposições hipocondríacas.

Nesses casos, o corpo é um mero instrumento das aspirações de controle e submissão. E a inexistência da afecção orgânica não é suficiente para que se desmobilize a convicção na doença. A psicopatologia do quadro não é a de transtorno fisiológico, mas de um transtorno psicótico, em que se projeta no corpo a persecutoriedade. O mau passa a ser 'pressentido' dentro do sujeito, como se houvesse uma insurreição de suas fun-

As somatizações

ções. Está constantemente atormentado com o que possa estar acontecendo a ele, como se sua vida dependesse do controle absoluto de suas funções e se fragilizasse com mínimas modificações a que estaria predisposto.

Alguns autores colocam a hipocondria como a 'paranóia do corpo', devido à persecutoriedade característica dos quadros paranóicos, com a diferença de que nesses quadros o perseguidor é objetivado externamente por meio da sensação de estar sendo observado e espreitado.

A persecutoriedade nas psicoses, principalmente nas paranóias, é produto da projeção da própria condição pessoal. O sujeito aliena-se de sua condição na de um Outro, que teria a condição necessária para sustentá-lo como pessoa valorizada afetivamente. Vale lembrar mais uma vez que esse 'Outro' não é uma pessoa específica, mas várias, aptas a ocupar esse lugar de poder de sustentação para alguém. Lugar que o psicótico usará para se distanciar de si próprio, do contato com a realidade, de todas as conseqüências das percepções daí resultantes, mesmo os procedimentos mais banais com relação à vida, como o cuidado consigo mesmo, suas escolhas e seus interesses. Sempre estará guiado por interesses alheios a seu desejo e necessidade, já que seu ajuizamento encontra-se alienado em uma condição que não é a sua, ou seja, sempre externa a ele. Suas percepções próprias ficam desconectadas da cadeia de sentido, porque esta associa-se a uma condição alheia a ele, adquirindo portanto um sentido também alheio. São essas percepções próprias que, incapazes de objetivar-se significativamente para o sujeito, ficam projetadas no perseguidor externo e passam a caracterizá-lo como um observador constante. O perseguidor, assim constituído, é apenas aquilo que o sujeito não consegue conhecer a respeito de si próprio, e, por incrível que pareça, reconhece como algo que lhe é estranho. O sujeito foge do que não reconhece como sendo seu, já que seu critério de reconhecimento é externo e vem do Outro, não de suas próprias avaliações. A persistência do perseguidor denuncia a identidade perdida. O sujeito não consegue fugir de si próprio, nem se esconder. Sua dificuldade está em não poder reconhecer-se em seu perseguidor, por estar alienado em uma condição que não é a sua.

O que existe de mais pessoal em toda a história do hipocondríaco é o sofrimento, reconhecido por meio da doença que toma seu corpo. Suas próprias percepções estão aí alienadas, e perseguem-no, não para submetê-lo por intermédio da dor, mas para se reincorporarem e conseguirem a significação dentro de um código pessoal. A representação de doença que o atormenta é a alienação de sua própria condição de reconhecimento de seus conflitos psíquicos. O significado que essa doença tem para ele é de proteção e controle de seus medos e inseguranças, que desvinculados de seu sentido original, evoluem envolvendo a vida representativa do sujeito. O sujeito fica entregue à sua desarticulação, à falta de uma unidade própria de sentido e à falta de um significante articulador de seu desejo, já que está constituído a partir de um desejo que não é o seu, mas o de um Outro, poderoso e protetor, detentor da condição de significação, não reconhecível pelo próprio sujeito.

Os que sofrem de hipocondria criam, na própria condição de existência, o mal para o qual não se sentem preparados. A aparente resignação simplesmente encobre o horror em constatar a desapropriação de seu desejo e as conseqüências dessa aliena-

As somatizações 55

ção. Se o fenômeno não é assim percebido, torna-se apto a controlar toda a família e os demais que rodeiam o paciente — inclusive os médicos, nem sempre bem instruídos para esse diagnóstico —, que são tomados por um sentimento de pena e preocupação, que desvia a atenção dos verdadeiros fatores de desequilíbrio.

Note que, no hipocondríaco, o corpo é apenas uma justificação imaginária das inadequações inconscientes, e não um fator de desequilíbrio corporal. Nada em seu organismo está afetado, ele apenas tenta dimensionar em referências arbitrárias sua indignação e impotência perante a vida e suas implicações.

O hipocondríaco sente-se protegido em sua doença imaginária, por vivê-la como um salvo-conduto diante de tudo aquilo que o coloca em dificuldade de adaptação. Sua perturbação corporal é imaginária e insere-se em seu sistema constitucional por meio da representação na qual está associada sua falência subjetiva através da doença.

A característica da doença privilegiada pelo hipocondríaco não segue um curso lógico ou racional. Na verdade, este lhe é imposto inconscientemente pelas estruturas próprias do processo, sendo o paciente apenas vítima do que lhe ocorre, distante de sua consciência e vontade. Não se escolhe o mal de que se vai sofrer. A manifestação caracteriza o grau de sujeição a que estão submetidos esses pacientes hipocondríacos, o que não acontece com os psico-somáticos, muito mais atuantes nas relações com a vida. A sensação de acometimento a que estão sujeitos é produto da perda de identidade de materiais perceptivos, desconectados da cadeia relacional significativa, por estarem alienados à condição de um Outro. Essa mesma sensação existe nos paranóicos com relação aos perseguidores, que não os abandonam e nem poderiam, já que fazem parte deles mesmos.

Para dar um exemplo, resumirei o caso de uma paciente em análise. A paciente era mãe de dois filhos e profissionalmente ativa. Acreditava que era portadora de tumor num dos seios e apalpava-os compulsivamente. Os ginecologistas consultados não confirmavam suas suspeitas nem conseguiam tranqüilizá-la; por isso, indicaram-lhe a análise.

Essa paciente criava problemas relacionados à contagem de leucócitos, porque uma vez, ao fazer um hemograma de rotina, por ocasião de um resfriado demorado, obteve um resultado ligeiramente alterado, pouco significativo até para o médico que o interpretou, mas não para ela, que considerou a pequena alteração nos leucócitos como uma leucemia não revelada pelos médicos. A partir de então passou a achar que os médicos a enganavam. Passava muito mal quando precisava fazer qualquer tipo de exame, pois poderiam surgir novos indícios de sua 'doença'.

Seus sintomas apareceram por ocasião de um fato envolvendo seu marido e sua melhor amiga. Durante uma festa em que todos beberam muito, seu marido teria se insinuado para uma amiga dela, que prontamente lhe comunicou o ocorrido. Isso a abalou profundamente, e a partir daí surgiram as suspeitas hipocondríacas.

Sua sexualidade fora prejudicada pela rigidez moral e cristã de sua educação, e como sempre sofria com seus desejos reprimidos, encontrava sempre uma maneira de se colocar longe de-

As somatizações 57

les. Casou-se com o primeiro e único namorado, e queixava-se de sua falta de experiência sexual com outros parceiros. O abalo provocado pelo acontecimento entre o marido e a amiga manifestou-se na dúvida que tinha a respeito da própria feminilidade, o que colocava em risco seu casamento, sob o qual ocultava suas dificuldades sexuais.

A ameaça de ruptura do sistema no qual se julgava protegida não encontrou nela uma ordenação que pudesse conter todos os sentimentos envolvidos na questão. Acredito que sua insegurança sexual colaborou muito para isso, já que o marido é que teria-se insinuado para a amiga, o que configurava para ela sua incapacidade de satisfazer um homem.

O desenvolvimento dos sintomas fez com que deslocasse para uma doença imaginária toda a ameaça relacionada ao seu valor como mulher para o marido. O exame compulsivo do seio revelou-se, durante o trabalho analítico, como uma atividade masturbatória, na qual conseguia descarregar suas tensões e obter um prazer auto-erótico, sem as implicações desagradáveis do compromisso com seu desejo.

Foi necessário que durante o trabalho analítico ela tivesse a oportunidade de reconhecer a íntima associação entre seus sintomas e o ocorrido com o marido e a amiga. A impossibilidade de constatar que a atitude do marido remetia-a à traição de seus íntimos desejos, ocultos sobre rígidas camadas morais, fazia com que ela derivasse toda ameaça de perder o controle de si mesma para o descontrole de uma doença impossível de ser curada. O que estava impossível de ser contida, na verdade, era a percepção daquele momento, no qual se houvera traído durante sua vida sobre a verdadeira natureza de seus desejos, por não corresponderem ao que se esperava dela pela moral religiosa dos pais. A instantânea percepção, referente ao acontecido com a amiga, era a de que o marido havia sido seduzido por tudo aquilo que ela não conseguia reconhecer em si mesma, e, portanto, havia sido vítima de si própria. Com o intuito de se proteger contra sua culpa, em perceber-se tão distorcidamente, envolvia-se na doença imaginária, da qual necessitava para se ver livre do acontecimento que a desautorizava perante a si mesma.

A característica hipocondríaca resume-se na eleição de uma ameaça imaginária, com poder de se representar como uma realidade, para que uma outra realidade não possa ser representada. Essa ameaça é assumida representativamente no corpo, e não na afecção corporal, característica exclusiva dos distúrbios psico-somáticos.

O *psico-somático* entre o Real e o imaginário

CAPÍTULO 5

Não é preciso muito esforço para acreditar na existência do sintoma *psico-somático*; no entanto, defini-lo, é uma façanha bem mais difícil. Por exemplo, o desencadeamento de enxaquecas e crises epiléticas por momentos de muita ansiedade parece não originar grandes controvérsias, mas relacionar uma retocolite-ulcerativa ou até mesmo uma bronquite a conflitos emocionais já não é tão simples. Isso porque o desencadeamento emocional não participa da composição do processo patológico, agindo apenas como um 'gatilho', como uma condição desfavorável, perante a qual o organismo desestabiliza-se dentro de uma patologia já existente, que apenas se deflagra quando da ocorrência de alguns fatores, dentre eles a ansiedade.

Mais difícil ainda é compreender como se organiza subjetivamente um conflito para que possa gerar, como resultado final sintomático, um quadro orgânico. Quais seriam as características específicas desse conflito, que lhe conferem a capacidade de desajustar códigos orgânicos, adaptados às exigências naturais do organismo, é uma questão pela qual nos devemos orientar para descobrir os caminhos ainda não compreendidos da psico-somatização.

Procurarei demonstrar que os problemas *psico-somáticos* orginam-se na transposição do Real para o imaginário. A maneira como o Real é apreendido imaginariamente sofre a ação de alguns desajustes, que impedem a concepção imaginária, dado que o Real, por ser inatingível em sua essência, precisa ser primeiramente imaginado para depois ser simbolizado. Determinados padrões de funcionamento subjetivo incapacitam o sujeito para algumas concepções representativas, fazendo com que fique sem a possibilidade de registrar imaginariamente alguns fatos do Real e, conseqüentemente, sem as compreensões que o preparariam para um contato mais adaptativo com as mesmas categorias da situação vivenciada.

Cada situação vivida é fonte de preparação para outras experiências semelhantes. Assim nos poupamos da ansiedade ante o inusitado e passamos a enfrentá-lo com alguma experiência que nos oriente para uma composição maior com os fatos que a vida nos apresenta.

As incapacitações diante do Real decorrem de interpretações pré-concebidas que deixam de levar em conta a originalidade do fato. Interpreta-se sob a tendência do que está determinado interiormente que vá acontecer imaginariamente, e não do que está acontecendo originalmente. Perdem-se assim as circunstâncias propícias ao desenvolvimento, desencadeadas pela força de imposição do Real.

O imaginário existe como conseqüência direta dessa assimilação do Real. É o produto da representação de fragmentos do Real — já que não se consegue representá-lo inteiramente — que a partir de então passarão a integrar o acervo daquilo que futuramente será trabalhado subjetivamente para poder ser chamado de realidade. Realidade essa que guarda

O *psico-somático* entre o Real e o imaginário   61

uma grande distância do Real, por ter sido captada imaginariamente de um fragmento do fato total, e que ainda receberá um tratamento de nossos próprios instrumentos de compreensão. O final do processo é que uma linha simbólica será traçada para futuras interpretações.

A realidade terá um caráter todo particular; cada sujeito possui a sua — não há como existirem duas realidades iguais, porque são produtos da própria individualidade. O único padrão de referência não contaminado pela experiência individual é o Real, por ser inatingível; qualquer esboço interpretativo ocorre no imaginário e futuramente no simbólico.

As limitações do sujeito *psico-somático* para enriquecer seu imaginário a partir do Real decorrem de uma série de distorções em seus interpretantes. As noções de tempo e espaço, vida e morte entram em conflito com os dados do Real e prejudicam o acesso ao imaginário. Os dados do Real não podem alimentar as cadeias associativas, impedindo assim o desenvolvimento do sujeito no que se refere à incorporação imaginária que alimentará as simbolizações futuras. O sujeito, sob essas circunstâncias, estará desprovido das simbolizações que permitam integrar uma série de registros do Real no que se refere às apropriações anteriormente distorcidas.

A escola francesa, por meio de Pierri Marti* e seus colaboradores, refere-se a um prejuízo da simbolização nos indivíduos *psico-somáticos*. Não estou entrando em desacordo com esse conceito, mas apenas observando que o prejuízo simbólico é de-

---

* Pierri Marty. *Los movimientos individuales de vida y de muerte.*

O sintoma e a dissociação psico-somática

corrência da falha de incorporação imaginária, e não de um problema de simbolização propriamente dita.

O paciente *psico-somático* possui um nível de integração a seu ambiente de trabalho bastante desenvolvido, principalmente pelo fato de se apegar obstinadamente a sua função, como se dela dependesse sua sobrevivência pessoal.

Os *psico-somáticos* costumam ser competentes e geralmente conseguem administrar fortes pressões de cobrança por parte de superiores, além de atuarem muito bem em cargos de chefia e comando. Têm facilidade para tomar decisões e se deixam absorver intensamente por seu trabalho. Possuem, portanto, uma boa organização simbólica, que lhes garante as condições de integração eficiente em seu contexto social.

O problema surge no 'departamento' da autopercepção, no qual aparecem as distorções interpretativas prejudiciais à incorporação imaginária. Pierri Marti se refere ao escasso acesso ao material onírico nesses pacientes — com o que concordo, mas com a ressalva de que a simbolização não encontra substrato para suas funções, ao contrário das aludidas dificuldades no desempenho da simbolização propriamente dita.

Olhando para o conjunto, não se percebe em determinadas condições (principalmente nas de autopercepção) a produção simbólica esperada. O que procuro demonstrar é que faltam, no *psico-somático*, elementos para o aparelho simbolizante poder operar; falta matéria-prima em seus depósitos para que a função ocorra. Assim é que se pode entender como um aparelho simbolizante tão eficiente pode apresentar falhas tão pri-

O *psico-somático* entre o Real e o imaginário 63

márias. Isso ocorre porque faltam os elementos para seu trabalho, ou seja, não é um defeito do trabalho de simbolização em si, já que essa função munida de seu substrato consegue funcionar muito bem.

Reafirmo que essa hipótese não invalida uma falha na simbolização, apenas especifica que essa falha está na falta de acesso entre o Real e o imaginário e por conseqüência apresente um estoque deficiente de material básico para as funções de simbolização.

As noções distorcidas primariamente vêm de interpretantes rígidos, que pré-determinam interpretações, e colocam-se no lugar do Real em algumas situações. Essas situações não são intensas ao ponto de originar fenômenos psicóticos, são pequenas negações (no sentido psicanalítico) em que determinadas características de um objeto deixam de ser reconhecidas como uma defesa frente ao seu significado, para que a funcionalidade do sujeito — aquilo que se espera dele em termos de rendimento social — não seja comprometida. Os *psico-somáticos* são indivíduos altamente preparados para funcionar para o Outro, e pouco para sua autopercepção.

Passarei agora a abordar alguns conceitos distorcidos e precursores de interpretantes rígidos; também falarei de suas origens e concepções.

A) O TEMPO E O ESPAÇO

Isaac Newton se viu obrigado a referir-se ao tempo. Não introduziu conceitos novos, senão posições práticas de que necessitava para desenvolver suas concepções físico-matemáticas. Tanta importância tiveram estas, que sua atitude para com o tempo tem sido imitada consciente ou inconscientemente até hoje. Newton aceitou que o tempo é regular e que flui independentemente de qualquer fator externo; e o outro tempo ao qual chamou de "duração", relativo e aparente, que identificava com o tempo comum, é que pode ser medido pela mudança e movimento das coisas (como, por exemplo, os ponteiros de um relógio). Em geral, os autores se referem a esses dois tempos newtonianos como "absoluto" e "relativo", respectivamente.

A idéia de um tempo absoluto é excitante, principalmente por se assemelhar ao funcionamento dos mecanismos inconscientes, que desprezam a relativização em suas figuras de linguagem. A linguagem inconsciente forma-se por meio das identificações de significado, e não por meio da ordem cronológica dos acontecimentos. Para o inconsciente, a unidade do sentido é primordial, sua cadeia associativa não leva em conta a relativização da consciência do tempo, apenas a composição de signos, segundo suas correlações específicas e seu significante próprio. É comum nos depararmos em sonho com pessoas mortas, sem que isso signifique que estejamos negando sua morte. A aparição do morto é apenas um representante simbólico do objeto que se está fazendo representar. Para que assim ocorra, o tempo não pode estar relativizado, porque isso custaria a condição de sua representação, que não é feita para um tempo e sim para o sujeito. O analista interpretará adequadamente esses sinais, ao desfazer-se de qualquer relativização temporal, para poder compreender a evolução do sentido do sonho dentro de suas figuras de linguagem.

Novas idéias originaram-se na aferição da velocidade da luz. Suponhamos que se quer medir a velocidade da luz e que para

O *psico-somático* entre o Real e o imaginário 65

isso trabalhemos com o raio que nos chega de uma estrela envolvida no plano de rotação terrestre. O senso comum nos levaria a esperar que, medindo sua velocidade quando a terra vai no sentido da estrela, obteríamos um valor mais alto do que se a medíssemos seis meses depois, quando a terra estivesse em sentido oposto, distanciando-se da estrela. Porém, o resultado foi idêntico em ambas as direções.

Confirmados os princípios experimentais, tiveram de ser propostas reformas nos esquemas conceituais. Fanny Blanckcereijido e Marcelino Cereijido em *La vida, el tiempo y la muerte*, lembram que Weyl (1952) e Reichenbach (1958) expõem detalhadamente esses experimentos e interpretações em seus trabalhos.

Uma das conseqüências da teoria da relatividade desenvolvida por Albert Einstein foi que a simultaneidade é relativa a um sistema de coordenadas. Isso acabou com a possibilidade de existir uma seqüência temporal objetiva e universal para todos os fatos que ocorrem no universo, uma vez que cada observador — colocado em um instante de tempo com um número — considera o seu com prioridade, afirmando que o seu é o verdadeiro. Como dizia Einstein:

A sensação subjetiva de um tempo psicológico nos permite ordenar nossas impressões e dizer que um evento precede o outro. Porém, utilizar um relógio para conectar cada instante do tempo com um número, ou considerar o tempo como um contínuo unidimensional, é um grande capricho (Einstein,1966, p. 55).

Lacan chega a esse mesmo denominador quando diz que "a memoração inconsciente nada tem a haver com a memória". Os registros inconscientes não seguem essa ordem cronológica como um 'contínuo unidimensional'. Isso se dá apenas pela memória, que classifica os fatos segundo uma sensação subjetiva do tempo. Para o inconsciente é como se tudo estivesse ocorrendo ao mesmo tempo, e para isso se vale de suas figuras de linguagem, que permitem tais associações.

O analista ao interpretar um sonho precisa desprezar a sensação subjetiva de tempo, para chegar à linguagem do inconsciente. Ao privilegiar a associação livre, também se privilegia a linguagem do inconsciente, que atualiza seus signos no discurso, não necessitando de que se recorra a uma anamnese como nos casos de clínica médica, em que a ordenação do tempo é necessária para que se possa entender a evolução de um caso.

A interpretação de Einstein deu novas feições à noção de tempo absoluto de Newton, introduzindo a idéia de que o tempo é um aspecto da relação entre o universo e um sistema de referência ('o observador'). Minkowski (1908) uniu de modo indissolúvel o tempo ao espaço: "ninguém jamais notou um lugar exceto no tempo, nem um tempo, exceto em um lugar" (p. 42).

As questões que envolvem a dissociação entre o psíquico e o somático estão relacionadas às noções de tempo e espaço. O corpo é um ponto de referência para a relativização do tempo, portanto torna-se um operador de associações entre os fenômenos vividos e sua representação subjetiva, com direito até a associações próprias.

O *psico-somático* entre o Real e o imaginário

O ciclo biológico das células acontece em fases de transformações bem delimitadas, o que não deixa de ser uma relativização, porque seu desenvolvimento segue um padrão de ordenação temporal. A consciência percebe essa evolução por meio dos índices corporais da transformação, como por exemplo a perda da elasticidade da pele, rugas e outros índices.

O corpo possui registros próprios em sua relação com o tempo, já que também pode ser definido como um espaço com suas próprias leis fisiológicas.

Com os atributos de espaço e tempo, o organismo articula-se sintonicamente ao ciclo da vida, com a condição de gerar suas próprias relações com a 'inteligência' que envolve todo o sistema em que vivemos, não só o sistema lógico da consciência, com o qual estamos mais familiarizados, mas que nem por isso representa a totalidade dos processos a que estamos submetidos.

Os sintomas *psico-somáticos* trazem em sua estrutura interna a inconsistência referente às relações de sentido entre o funcionamento orgânico e a apreensão imaginária do Real. A desestabilização somática denuncia, como sintoma, concepções particulares da relativização têmporo-espacial que não guardam relações de significado com as expressões do Real, captadas por meio de índices orgânicos.

O paciente vítima de asma está asfixiado em um contexto que não lhe permite estabelecer suas próprias 'oxigenações'. Aquele que é responsável por ele vive por intermédio da ansiedade uma garantia de sua própria eficiência. Acredita que por estar-se preocupando de uma maneira compulsiva com todas

68   O sintoma e a dissociação psico-somática

as possibilidades de acontecimentos, está eximindo-se da responsabilidade frente ao imprevisível. Preocupa-se com tudo que possa acontecer, valendo-se da fantasia de que assim nada de mal aconteça a ele próprio por ser aquele que é responsável por alguém; na verdade preocupa-se apenas com ele mesmo, com a imagem de si próprio, e nem tanto com a condição daquele de quem cuida. A ansiedade assim compreendida assume a representação de proteção. O paciente quando está 'asfixiado', sente-se inconscientemente protegido, como se nada de mal lhe pudesse acontecer. A insuficiência respiratória acaba confundida com uma proteção. Na verdade, o que protege é a imagem que aquele que cuida tem de si mesmo: sofre-se o sofrimento do Outro, para, dessa forma, livrar-se do sofrimento de deixar de ser a referência para alguém. Os comandos fisiológicos da respiração sofrem a interferência da grande ameaça de despersonalização e ficam à mercê das crises de ansiedade, sem saber interpretar mais as razões de seu comando, porque os sinais de vida ficaram confundidos com os de morte. ·

b) *O DASEIN*

A filosofia moderna também desenvolveu, paralelamente à descoberta do inconsciente, seus conceitos a respeito do tempo. Martin Heidegger (1927) introduziu o conceito de *Dasein*, que alguns autores traduzem por *ser-agora*. Para Heidegger, o ser não é um ente, senão que o 'vai sendo'. Heidegger sustenta que o *Dasein* experimenta o nada como angústia. O *Dasein* seria um 'não-ainda'. À primeira vista, pode resultar um tanto confuso que Heidegger afirme que o *Dasein* seja algo que 'não é ainda', e no entanto, logo afirme que a única maneira de existir que tem o *Dasein* é projetando possibilidades. Apesar de ser um 'não-

O *psico-somático* entre o Real e o imaginário   69

ainda', o *Dasein* seguirá convertendo-se em 'ainda-não(é)'.O limite estará dado pela morte. A morte impõe um limite no qual o *Dasein* se completa, pois já não fica adiante nenhum 'não ainda'.

"A morte — explica Heidegger — é a possibilidade da absoluta impossibilidade do *Dasein*". Heidegger conclui que o *Dasein* busca completar-se abarcando a morte, e que é então 'um ser relativo à morte".

O homem atormenta-se dentro da imagem que criou para si próprio, pois essa imagem criada rouba-lhe o vir-a-ser, uma vez que já *é*, em algum lugar de seu imaginário. A imagem opera sobre o vir-a-ser-para-a-morte, para transformá-lo em ser-para-o-Outro, como se o lugar que esse Outro ocupa lhe absolvesse de ser para a morte. Na verdade, a ausência criada não é a da morte, mas a das possibilidades, já que a única maneira de existir do *Dasein* é a projeção das possibilidades. O homem atormentado é o homem sem possibilidades, vítima da imaginária representação de si próprio, formada na insuficiente apreensão das expressões do Real, o qual por ser inatingível é indiferente à distorção das representações que lhe são atribuídas.

O *Dasein* de Heidegger encontra violenta oposição nas barreiras narcísicas, constituídas por meio de 'ser para alguém'. Alguém a quem se possa satisfazer e por quem se possa ser satisfeito; alguém a quem se outorgue o ser-para-a-morte, para transformar em um ser-para-o-Outro. É um lugar de alienação, em que o sujeito acredita se livrar da angústia do vir-a-ser, para compor sua imagem na certeza de que satisfazendo ao Outro estaria também se livrando da sua angústia. O narcisismo não se sustenta sem o olhar do Outro, sem a profunda complacência de seu desejo.

Quando se cuida de uma criança, é importante saber lidar com a imagem que a ela faz de seu cuidador. Essa imagem é produto da extrema dependência infantil, de sua incapacidade pragmática, e seduz esse alguém que cuida, a ponto de ele passar a acreditar nessa imagem como uma maneira de escapar a sua angustia do vir-a-ser, uma vez que já está sendo para essa criança algo diferente de uma mera possibilidade. Realizar-se por meio de alguém é um desses caminhos em que nos alienamos do ser-para-a-morte. É tão mais fácil sentir-se imprescindível; tão mais tentador do que ser uma mera possibilidade, que o discurso passa a organizar-se em função da concretização dessa imagem na criança e no adulto.

A fantasia de ser-imprescindível-para-alguém distorce a simples introdução ao Real, e cria uma realidade particular, capaz de ratificar a distorção interpretativa, por deixar o sujeito preso a um discurso imaginário, longe da imposição do Real, que poderia fazer as correções necessárias.

O narcisismo ocupa exatamente esse lugar, em que deixa de se apresentar às condições da vida como ela é, para recriá-la como deveria ser, segundo a alienação ao discurso do Outro. O discurso narcísico rege a necessidade, de ambas as partes, de alienar a consciência do ser-para-a-morte, para transformá-la em ser-imprescindível-ao-Outro. O discurso narcísico assim estruturado consome as organizações de trocas com a vida, na consolidação preferencial dessa via comunicativa, relegando as outras a um segundo plano.

A vida, uma vez que se apresenta a partir da imposição do Real, passa a ser interpretada particularmente, e não simplesmente

O *psico-somático* entre o Real e o imaginário

traduzida para alguém que começa aprender a fazer as traduções por si próprio, para um dia poder fazer suas proprias traduções.

Esse sujeito estará preso a um discurso que de alguma maneira se opõe ao Real, e, portanto, desperdiça os contatos integrativos com esse Real, que, por sua vez, possibilita fazer correções sobre a trajetória do imaginário, sempre passível de erros, os quais podem ser retificados sem o compromisso do discurso narcísico.

Com esse conceito podemos entender situações de falência *psico-somática* aguda que surpreenderia sem essa explicação. O poder do discurso alienante precisa ser 'escorado' em certas ambições pessoais, como por exemplo: altos cargos e de importância, ascendência sobre a família, posições de chefia e comando. Quando essas situações se desestabilizam, o sujeito tem dificuldades em escorar o discurso narcísico, que passa a cobrá-lo na validação de seus interesses. A ameaça de perder essa referência para o Outro é muito forte, porque coloca aquele (o sujeito) novamente em contato com suas possibilidades, com o ser-para-a-morte — o que é vivido como uma falência pessoal. Tal ameaça, que, na impossibilidade de ser representada como tal, ocasionará um nível de angústia capaz de desorganizar sistemas fisiológicos sensíveis a ela.

Os infartos fulminantes sem fatores de risco predisponentes, as úlceras hemorrágicas sem história anterior são exemplos do que acabamos de descrever. Em situações como essas é importante o encaminhamento para análise, para que o sujeito tenha a oportunidade de reformular seus padrões inconscientes; podendo assim incorporar em seu desenvolvimento as crises do processo normal da vida.

72   O sintoma e a dissociação psico-somática

Para não cometer o 'pecado' de agradecer somente a Heidegger por esses valorosos conceitos, citarei um trecho de Lacan em seu *Escritos*:

Esse ego, cuja força nossos teóricos definem agora pela capacidade de suportar uma frustração, é frustração em sua essência. É frustração não de um desejo do sujeito, mas de um objeto onde seu desejo está alienado, e que, quanto mais ele se elabora, mais se aprofunda para o sujeito a alienação de seu gozo. Eis porque não há resposta adequada a esse discurso, pois o sujeito considerará como de desprezo toda fala que se engaje, em seu equívoco (Lacan,1992, p. 114).

c) O ESQUECIMENTO BIOLÓGICO FUNDAMENTAL

Pode-se dizer que é preciso esquecer para poder viver. Mas esquecer de uma maneira específica — não esquecer para não poder lembrar; esquecer como um arranjo em que se deixa de estar preocupado com o que se tem na memória, para não viver da lembrança, e assim aplicá-la no que se vive. Esse seria um esquecimento apenas em um plano, em que se vive o que se lembra sem viver da lembrança. Viver da lembrança é tão aterrorizante quanto não poder lembrar. Nos dois casos, desperdiça-se o fato como um agente possibilitador de mudanças. Nunca se deve esquecer de nascer; nasce-se a cada momento em que a lembrança de saber é iludida em novas formas, em rumos ainda insuspeitos.

O que caracteriza o esquecimento é a lembrança. Esquecer é fundamental somente se ainda for possível lembrar. Se assim não fosse, seria uma perda e não um esquecimento. Precisa-se do

O *psico-somático* entre o Real e o imaginário 73

esquecimento, mas que ele não seja *fundamental,* que não se dependa dele. Não se deve dormir o sono do esquecimento, apenas alimentá-lo com pequenas fugas, breves momentos de falha da lembrança. Esquecer produz formas voláteis que vão e voltam ao sabor do mesmo acaso, que nada mais é do que o caso esquecido que volta sempre e sempre como um mero acaso. Somos apenas aquilo que deixaremos de ser, para que possamos ser aquilo que nunca julgamos possível.

Pensar e ser são duas imagens translúcidas e envolventes, das quais um dia se pretende desfazer.

Dois grandes poetas modernos falam do esquecimento:

Estamos feitos, em boa parte, de nossa própria memória. Essa memória está feita, em boa parte, de esquecimento.

Jorge Luis Borges

Onde está o conhecimento perdido na informação?

T. S. Eliot.

Pois bem, esquecemos muito mais do que podemos supor, exatamente porque esquecemos. Alguns esquecimentos têm a sua lembrança dificultada. O nascimento tem sua origem perdida em nossos costumes. Esquece-se de acrescentar nove meses ao registro da idade. A vida uterina está perdida num tempo sem espaço, como se nada tivesse acontecido até o primeiro choro. O tempo biológico da gestação escapa à representação e permanece sem lembrança.

Nesses nove meses o tempo não deixou de existir, tampouco o espaço do crescimento desapareceu na ilusão de um útero mágico; apenas não é registrado. Esse tempo não é menos importante, pois a vida ali acontece em sua forma mais exuberante, nas multiplicações e arranjos celulares, tudo isso sob o minucioso controle genético. Porém isso choca. Essa independência do controle consciente, essa inteligência natural, tão livre da participação voluntária, cria a perplexidade perante a força do Real; a ponto de causar um desconforto tal que arranjamos uma forma de não simbolizá-lo devidamente, em nome do poder que teimamos em reivindicar perante as forças inconscientes que nos compõem como sujeitos.

Os nove meses relegados a um espaço sem tempo objetivável dentro da concepção imaginada como realidade termina por concordar com o nascimento do já nascido.

Esquecemos os nove meses da gestação por considerar a respiração como o primeiro sinal de vida, deprezando dessa forma todos os funcionamentos e desenvolvimentos intra-uterinos. O que não seria privilegiar a visão, já que hoje em dia, com a ultrassonografia, pode-se visualizar o embrião já em seus primeiros dias de vida. É necessário que o que chamamos de nascimento seja percebido como uma fase do ciclo evolutivo que nos rege, e não que o usemos com a fantasia de poder sobre a condição que na verdade é a nossa, de simples elos de uma infinita cadeia.

Partir do insondável, do nada, da união de duas células, infinitamente distante do controle consciente, nos aproxima do ser-para-a morte e rearticula o desejo ao ciclo da vida. Ao contrário, quando se concebem idealmente as trajetórias da vida, não se le-

O *psico-somático* entre o Real e o imaginário

vam em conta suas condições essenciais: o desamparo primordial a que estamos sujeitos, ainda longe das simbolizações que orientarão na grande confusão da existência, a distorção original entre o homem e o resto da natureza. O Real está sempre pronto a corrigir essa trajetória, fornecendo condições para uma tradução atenta ao que ele impõe e menos pelo que dele se interpreta, sob uma perspectiva individual e distorcida. As interpretações que não levam em conta as imposições do Real desconsideram o sujeito em seu 'vir-a-ser'.

Sob a referência do 'homem como centro do mundo', tende-se também a reconhecer assim o próprio corpo em suas demarcações e limites, como um corpo indestrutível e infalível. Parece fácil satisfazer o desejo narcísico de interpretar o Real segundo as próprias necessidades. É assim que nos escravizamos ao desejo que desconhece sua origem.

Ao respirar pela primeira vez — já nos estamos preparando para isso há nove meses —, talvez nos sintamos mais velhos, mas em condições melhores para administrar o acréscimo desses meses a uma rearticulação com o Real, com o qual será mais fácil nos deixarmos conduzir sob seus desígnios, sem a fantasia de poder desfigurá-lo.

Não somos tão diferenciados de outras espécies, como gostamos de imaginar, estamos ligados a esse fluxo contínuo a que chamamos vida, e dele fazemos parte da mesma forma que outras espécies. A nobreza que julgamos ter é uma concepção imaginária, um abuso da fantasia contra a percepção do Real, mas que estamos acostumados a fazer, não sem conseqüências para a compreensão do nosso estar-no-mundo.

D) *Desarticulação entre o tempo absoluto e o relativo, e sua importância nos distúrbios psico-somáticos*

A temporalidade da fase fetal apresenta características bastante particulares, como acabamos de compreender. Por estar formando seu aparelho de registro, o tempo não pode ser aferido sob as formas a que estamos acostumados. Mas isso não significa dizer que ele deixe de existir, apenas que acontece em sua forma absoluta, isto é, distante de nossa consciência. O que garante sua existência e sua dimensão temporal é a ocupação biológica, seu crescimento.

A percepção biológica é ainda muito misteriosa, não nos permitindo averiguar os registros integrativos, protótipo do que futuramente será a consciência. Mas é excitante pensar que a consciência arcaica seja biológica. A direção preferencial do tempo, na ausência dos ritmos externos, é dada por sua versão absoluta, ainda não retocada por aparatos imaginários e simbólicos; um tempo absoluto que corre independentemente de qualquer controle.

Esse tempo, que chamo de 'absoluto', corre paralelamente a um outro, ao qual irá associar-se futuramente. Enquanto o embrião desenvolve-se biologicamente em sua vida intra-uterina, o imaginário dos pais e daqueles que terão influência futura sobre ele também tem o seu desenvolvimento. É ingenuidade achar que a criança nasce totalmente livre, pois mesmo antes de sua concepção está sendo arquitetada no imaginário dos pais. Com o seu nascimento, esse imaginário se transformará numa série de condutas estruturadas simbolicamente a partir do projeto imaginário. Ao nascer, a criança integrará seu tempo absoluto ao tem-

O *psico-somático* entre o Real e o imaginário

po de seus cuidadores, passando a ter um marcador, composto de signos aos quais procurará estruturar-se nessa referência ao Outro cuidador.

A força dos signos externos é muito grande devido à imaturidade do sistema nervoso da criança, que ainda não está apta para autopercepções com significado. Isso quer dizer que a criança sente desconfortos, que adquirirão significado a partir dos signos externos, por intermédio de padrões que não sejam necessariamente de seu tempo absoluto. Os signos externos, devido à imaturidade neurológica da criança, têm uma *prevalência* sobre seus desconfortos, para que estes possam ter algum sentido. Ao mesmo tempo que essa condição favorece o desenvolvimento humano, como uma possibilidade de a criança incorporar os signos desenvolvidos dos adultos, corre-se o risco da *desautorização* dos próprios signos, por aqueles originados na integração do tempo absoluto.

O risco dessa desautorização por parte da criança é grande diante da pressão do conhecimento do Outro, que parece saber mais a respeito dele do que ele mesmo. Essa razão já é suficiente para caracterizar o risco, mas pode haver uma outra desautorização que, somada a essa da criança , poderá criar grandes distorções na interpretação do Real. Enquanto a desautorização que a criança sente é circunstancial à sua imaturidade, a *desautorização* narcísica do adulto não tem essa mesma característica. O cuidador, contagiado pelo poder de ser o intérprete do Real para a criança, deixa de ser apenas seu tradutor para interpretá-lo segundo sua própria realidade, e de seu desejo em representar-se imaginariamente como aquele que sabe e não aquele que apenas traduz.

Essa segunda desautorização coloca o sujeito em sua condição infantil de imaturidade, sob a influência do signo narcísico, o que lhe acarretará somente poder obter os significados por intermédio do outro e não de suas próprias constatações. A superposição do tempo, relativizado por meio do cuidador, relega as questões do tempo absoluto a um plano sem conscientização, o que fará com que ele circule apenas inconscientemente: por via dos *sintomas*, sonhos e atos falhos.

A desautorização compreendida aqui por meio dos sintomas *psico-somáticos* não compromete o convívio social, como nas psicoses, mas gera sintomas expressos por intermédio de distúrbios fisiológicos. Isso porque o conflito se dá justamente na falta de adaptação do tempo absoluto, fazendo com que o sujeito tenha pouca disponibilidade para criar seus próprios signos na relativização de seu tempo e espaço fisiológico.

A conseqüência da desautorização narcísica nos transtornos *psico-somáticos* é produto da interferência externa nos ciclos biológicos nos quais o sujeito está inserido. Sem essa apropriação identificatória, ele passará a referir-se ao Outro como à origem de sua consciência biológica, o que o tornará para sempre vítima de sobrecargas adaptativas, por considerar primordiais para sua vida as exigências do Outro primordiais, até no nível biológico.

O risco da desadaptação biológica é contrabalançado por um alto ganho social, já que a disposição para as exigências externas aumenta de forma inversamente proporcional à imaturidade do controle biológico. A aptidão para suportar pressões é uma das características de sujeitos que desenvolvem sintomas *psico-somáticos*. O tempo para esses indivíduos é controlado externamente, portanto é no condicionamento a essas exigências que ele se percebe representado e adaptado a um processo simbolizante que o estruturaria em seus desejos e obrigações.

A evolução dessa relativização do tempo por intermédio do Outro se dá pelo desenvolvimento neurológico. O aprendizado da criança está subordinado às diversas fases do desenvolvimento de seus circuitos cerebrais, que promoverão o controle motor, dos esfíncteres e da fala entre outros. O tempo a que nos referimos anteriormente como absoluto, por reger-se apenas em seu desenvolvimento biológico, continua em andamento, mas agora sofrendo a influência do tempo relativizado pelo Outro. Quando a *interferência* é de origem narcísica, a negociação da relativização temporal se dá às custas de uma imaturidade orgânica. O tempo absoluto se submete às exigências narcísicas, sob a ameaça da perda do amor do Outro; relativizando-se sob necessidades para as quais pode ainda não estar devidamente preparado em seu desenvolvimento biológico. O resultado de tal interferência é que se criam pontos de imaturidade biológica com padrões de desenvolvimento celular e fisiológico incompletos; portanto, com chances maiores de descompensação futura sob pressão da ansiedade.

Assim é que os nichos de imaturidade celular ou fisiológica dentro de sistemas bem desenvolvidos são pontos de fragilidade que, ao reagirem indevidamente aos estímulos, podem comprometer todo o sistema. Ao negociar a condição biológica para o poder narcísico do Outro, estão se criando potenciais de desestabilização orgânica para os quais o sujeito tem muito pouco recurso de reconhecimento. Suas autopercepções organizadas pelo tempo absoluto são deslocadas para o subme-timento das exigências externas, muitas vezes reproduzidas a partir da relação com o Outro, super-avaliado narcisicamente. A possibilidade de adaptação ao tempo absoluto de seu desenvolvimento biológico transforma-se em submetimento às exigências narcísicas, deixando o sujeito extrema-mente suscetível a disfunções fisiológicas, já que esse sistema esta-rá sofrendo interferências em sua disponibilidade de tempo e espa-ço, mesmo que esse espaço seja apenas representativo — já que uma das funções da representação é de, ao criar um significado, diminuir a ansiedade.

Citarei como ilustração o caso de um paciente de 46 anos a quem foi indicada análise após um infarto sem graves conseqüências.

Angustiado, esse homem reclamava da falta de tempo para viver, da impotência que isso lhe trazia, já que agora era uma pessoa cardíaca e com menos chances de sobrevivência que os outros. Sua atitude era a de alguém roubado em seu tempo de vida e portanto com poucas possibilidades; alguém a quem tinha sido entregue um comunicado de preparação para a morte. Note-se que o ser-para-a-morte não tem relação alguma com 'preparação para morrer', ao contrário, é a única preparação que se pode ter para a vida; sabê-la como geradora de possibi-lidades, advindas até de situações-limites. O tempo que parecia ter sido roubado tem sua origem no tempo absoluto, com pou-ca chance de integração pelo sujeito, nas relativizações distorsivas em que se foi deixando de se perceber em seu tempo absoluto, em seu vir-a-ser.

O sujeito alienado na condição do Outro agora depende da expectativa de vida que seu médico lhe dará. Dependerá mais

O *psico-somático* entre o Real e o imaginário 81

uma vez do que lhe será imposto; de novo entregue a alguém que lhe gere as possibilidades.

É preciso que esse paciente reincorpore a dimensão de tempo absoluto para que a sensação de roubo desapareça, e o infarto passe a ter importância como reorganizador de seu vir-a-ser, gerando as possibilidades que sente ter perdido. Sua recuperação precisa ser representada para que a utilize como uma possibilidade e não como a condenação a que se tinha entregue.

O fato deixa de ser usurpador para ser adaptativo e para reintegrar noções absolutas de espaço e tempo até então perdidas, e sem um interpretante específico.

A boa evolução psicossomática depende de um interpretante específico, de uma condição de interpretação que leve em conta o espaço e o tempo absoluto, que não se desfaça perante as condições de ser-para-a-morte, que, pelo contrário, as aproveite e as signifique para que se cumpra sua função de aproximação perceptiva com o Real. Apto a apenas traduzir o Real, sem transformá-lo na projeção de idealizações, o sujeito estará sempre pronto a retificações, o que permitirá um desenvolvimento mais integrado em seus tempos absoluto e relativo.

Uma eficiente captação do Real por intermédio do imaginário deve-se à condição de conhecer adequadamente os conceitos aqui desenvolvidos. A condição de interpretação abastecerá suficientemente o imaginário para que depois possa ser organizado simbolicamente e efetivado nos complexos sistemas sociais, sempre em desenvolvimento. Não se pode condenar a organização simbólica sem antes examinar suas fontes principais, pois suas perturbações refletem-se diretamente na impotência simbólica. O objeto trabalhado simbolicamente deve ter sua 'transparência' preservada no que se refere a um eficiente sistema de tradução das imposições do Real a que estamos sujeitos. O compromisso simbolizante não é o de fidelidade para com o Real, mas apenas a da correta representação do objeto apresentado. É preciso que a fidelidade do objeto seja questionada em seu contexto devido, para que a possibilidade gerada pelo vir-a-ser não se torne uma condenação de ser-para-o-Outro.

O gozo no sintoma psico-somático

CAPÍTULO 6

Freud nos legou a concepção de que o gozo exprime-se sempre nos arranjos inconscientes do desejo. Em *Inibição, sintoma e angústia*, Freud descobre que em todo sintoma existe a expressão de um prazer, regido pela negociação entre a pulsão e a repressão.

O desejo nunca deixa de se manifestar e de participar do compromisso sígnico a que estamos sujeitos. Somos dirigidos por motivações predeterminadas, que influenciam os compromissos do desejo. Considerar que o desejo segue as determinações da consciência é o mesmo que acreditar que o sujeito precede ao signo e pode determiná-lo ao invés de ser determinado por ele. O homem é o único entre todas as espécies que tem uma 'escolha' sexual condutora do instinto. Os outros animais respondem ao cio, indiscriminando as características externas do parceiro.

O chamado sexual, se assim me posso referir ao apelo biológico no mundo animal, restringe-se a índices que registram a demarcação da fase reprodutiva e não às características do parceiro. As condições individuais não determinam uma escolha, exatamente por não estarem envolvidas com um universo representati-

84 O sintoma e a dissociação psico-somática

vo mais diferenciado. Sua exposição sígnica acontece na esfera mais rudimentar, em que se registra o estado biológico do emissor para que ocorra um estímulo no receptor. O estímulo gerado pelo emissor encontra um ponto de associação perceptiva no receptor, sem que sofra a interferência de uma outra interpretação que não seja a biológica.

O homem tem a capacidade da simbolização, e por meio dela pode substituir a presença concreta do objeto no campo perceptivo, relacionando-se com o objeto indiretamente, por intermédio de sua representação. Esse processo, que permite uma abertura interpretativa, é uma grande forma de conhecimento, por possibilitar a exploração maior do objeto, já que não é necessária sua presença para que possa ser analisado e conseqüentemente mais bem conhecido. Porém, as representações podem estar condicionadas a padrões interpretativos individuais imperceptíveis até para o próprio sujeito, que passa a representar o mundo segundo uma distorção ótica particular, conseqüência de seu próprio desconhecimento dos mecanismos inconscientes que o regem, sem que tenha consciência deles.

Segundo Lacan, a obra freudiana tem seu vértice principal no impulso de morte, o que abre a possibilidade ao jogo simbólico da presença e ausência, caracterizando a determinação que o animal humano recebe da ordem simbólica. Em seu *Escritos*, ele assim se refere a essa questão:

Freud deu o passo decisivo ao arrebatar ao agente humano identificado a consciência, a necessidade incluída nessa repetição. Essa repetição sendo repetição simbólica, nela se manifesta que a ordem do símbolo não pode mais ser concebida como constituída pelo homem, mas como o constituindo. O

O gozo no sintoma *psico-somático* 85

homem, literalmente, dedica seu tempo a desdobrar a alternativa estrutural em que a presença e a ausência toma uma da outra seu apelo. É no momento de sua conjunção essencial, e por assim dizer, no ponto zero do desejo, que o objeto humano cai sob o golpe da dificuldade, que, anulando sua propriedade natural, o subjuga doravante às condições do símbolo. Para dizer a verdade, não há mais do que uma amostra luminosa da entrada do indivíduo numa ordem cuja massa o suporta e o acolhe sob a forma da linguagem, e sobreimpõe, na diacronia assim como na sincronia, a determinação do significante à do significado (Lacan,1992, p. 183).

O gozo, de acordo com a concepção freudiana, é conceituado além do clímax sexual, não devendo, portanto, ser tomado como uma simples descarga orgástica, mas também como expressão de júbilo no reencontro com o objeto perdido (ausente). É um prazer na eficiência simbólica que o gozo coloca novamente diante do que se julgava perdido. O gozo seria a aplicação econômica do instinto de morte, uma forma de ressurreição perante o ausente (perdido), a organização sígnica que permite conviver com a ausência.

A frase que estamos acostumados a ouvir em tom saudosista — "Meu pai sempre dizia!" — atualiza a presença, representando-a. O gozo está aí, no contato com a representação do objeto perdido (ausente), que atualiza a presença num reencontro simbólico prazeroso. Pode-se sentir a presença das palavras do indivíduo ausente e gozar com o encontro revigorante.

Haveria esse gozo inconsciente no sintoma *psico-somático*? Seria o sintoma *psico-somático* uma manifestação qualquer do desejo desarticulado?

86 O sintoma e a dissociação psico-somática

Deve-se iniciar essa reflexão a partir de alguns dados sobre o sintoma. Primeiro: ele é impositivo, ou seja, não há controle consciente sobre sua expressão; acontece independentemente de nossa vontade, sem que nessa vontade se estejam incluindo os processos inconscientes. A imposição que o caracteriza tem força própria, assim como os fatos advindos do Real. Uma semelhança estimulante para conjecturar a respeito de sua estrutura.

Partindo-se do princípio de que os acontecimentos subjetivos atuam representativamente sobre a presença manifestada por meio do contato com o Real, torna-se possível pensar que a imposição do sintoma nada mais seja do que a expressão do Real, representada de forma particular, sem que essa representação consiga desnaturar sua característica essencial impositiva. Sua organização representativa o envolve de tal forma que não se consegue mais identificá-lo em sua condição original, uma vez que se manifesta não mais como um fato desprovido de sentido específico — como na verdade é o Real —, mas por meio da descompensação fisiológica. O organismo tornou-se sede da distorção representativa que, assim, deixa de ser favorecido em seus processos de integração pelo simbolismo, para sofrer interferências em sua fisiologia. A evolução biológica, em seu tempo absoluto, não consegue harmonizar-se com a relativização temporal e passa a entrar em choque com as propostas distorcidas do sentido original advindo do Real. As áreas de imaturidade celular necessitadas da integração conceitual, a qual harmonizaria os fatos com a realidade particular subjetiva, acabam sofrendo interferências distorsivas e, conseqüentemente, desarranjam-se.

O gozo está no reencontro, por mais conturbado que seja, com os princípios advindos do Real. O desarranjo fisiológico pode ser considerado um ponto da 'insuportabilidade' frente à

O gozo no sintoma *psico-somático*

distorção interpretativa, num momento em que o próprio organismo se ressente dessa possibilidade, indispensável para um bom desenvolvimento orgânico. O mecanismo fisiológico presta-se a uma ligação funcional com o mundo que o rodeia e está preparado a reagir a ele, pois dele depende como fator de subsistência. A efetivação dessa troca se dá por um universo sígnico adequado que interprete os sinais externos de uma forma integrada e condizente com suas condições biológicas essenciais, sem as pressões atormentadoras dos apelos narcísicos. O tempo biológico absoluto necessita de uma associação integrada à relativização temporal da simbolização. O processo simbólico não deve criar uma presença onipotente e salvadora, mas apenas atualizar a presença, pela boa conceitualização da ausência, na qual não cabe o ser-para-o-Outro e sim o ser-para-a-morte.

O sintoma orgânico *psico-somático* guarda em sua estrutura essa comunicação primordial ante o fato como é imposto pelo Real, sem que seja expresso um ato falho ou sintoma neurótico representativo. A manifestação orgânica é o gozo identificatório do reencontro com o objeto primitivo. Fenômeno esse que pode reencaminhar a cadeia associativa e criar um novo interpretante, mais afinado ao Real e menos à realidade individual subjetiva.

Existe uma grande distância entre o Real e a verdade, talvez a distância da castração, daquilo que é possível para o sujeito, como diz Lacan ao referir-se ao "sujeito barrado", para poder ter acesso à linguagem. Essa distância nos permite dizer que não se pode dizer toda a verdade, que apenas podemos 'semi-dizê-la'. E a verdade que podemos semi-dizer é a de que o gozo é a expressão fora da verdade, apenas existente na condição de encontro.

Relatarei o caso de uma menina portadora de psoríase, cujos desarranjos familiares são bem significativos na estruturação do sintoma *psico-somático*, como puderam ser reconhecidos através de seu processo psicanalítico.

É uma paciente de vinte e dois anos, solteira, com psoríase no couro cabeludo. O primeiro sintoma surgiu quando a mãe desistira de sua separação e voltara para o ex-marido, pai da paciente. Seus pais nunca se deram bem e ela ocupava um lugar junto à mãe muito além da condição de filha. Havia entre elas uma espécie de 'namoro' velado com direito a crises de ciúme e possessividade — tudo isso muito camuflado —, mas demonstrando nitidamente a falta da posição de pai interditor, ocupado que estava este em suas conquistas amorosas extraconjugais. A paciente achava-se então no direito de imaginar que as duas se bastavam, não havendo portanto a necessidade de qualquer outra intromissão nesse 'idílio'. A separação dos pais foi motivada pela descoberta da existência de uma meia-irmã paterna. A paciente sentiu naquele momento a oportunidade de sedimentar sua posição junto à mãe. Qual não foi sua surpresa ao se dar conta de que a mãe estava namorando, e que o namorado teria sido a razão da separação, uma vez que as aventuras paternas não eram mais segredo. Enciumada, procurou de todas as formas atrapalhar o namoro, sendo propositalmente inconveniente para o novo casal sempre que podia.

A mãe acabou rompendo com o namorado e voltando para o ex-marido, sob o pretexto da pressão financeira que ele exerceria sobre ela na divisão de bens.

Na volta do pai ao lar, a paciente, na época com doze anos, desenvolve a psoríase. Ela descreve o sintoma como extrema-

O gozo no sintoma *psico-somático*   89

mente incômodo e repulsivo, assim como estava considerando a si própria por seus ataques ciumentos ao relacionamento da mãe, por quem nutria os sentimentos apaixonados. Acreditava até então na reciprocidade dos sentimentos da mãe, e no poder que esses sentimentos teriam sobre ela, já que o pai não demonstrava interesse, nem se preocupava em assumir sua posição dentro da família e conseqüentemente em interferir nessa relação dominadora e possessiva entre mãe e filha.

A paciente, já sofrendo os dramas do sintoma, estava sem condições para se articular dentro do caos instalado em sua família. Não sabia mais o que representava para a mãe, já que a surpreendera apaixonada e agora testemunhava sua depressão e abandono. Faltava-lhe a representação adequada dos papéis familiares. Relacionava-se com a mãe como se entre as duas não houvesse diferenças, e uma soubesse exatamente o que acontecia com a outra, o que criava um campo muito fértil para que uma projetasse as próprias frustrações na outra, sem que se dessem conta do que realmente estava acontecendo, tão acostumadas que estavam a reconhecer-se uma na outra.

Estava perdida devido ao choque que a revelação do namoro da mãe lhe impusera. O fato ocorrido demonstrou os conflitos inconscientes subjacentes à relação entre mãe e filha, sem que elas tivessem sido competentes para aprender com seus erros e propiciar uma boa condição de desenvolvimento para ambas. Se a mãe houvesse assumido sua paixão e a necessidade de um homem que a completasse, se não tivesse um homem somente para preencher uma posição familiar, talvez a estrutura a que a filha se submetia pudesse sofrer uma alteração que a impelisse a um contato maior com suas próprias percepções e necessidades, que assim se arranjariam em uma forma particular de proceder. Infelizmente nem sempre se pode estar dirigido pelas possibilidades; a atração que certas imagens de si próprio têm é de uma força muito grande na associação dos fatos. A mãe ainda não estava preparada para abrir mão da imagem de sofredora e sacrificada em prol daqueles que dela dependiam. Foi seduzida por aceitar a tudo incondicionalmente em 'benefício dos filhos'. E sentiu-se fortalecida, tanto pela culpa da filha — que se sente responsável pela crise entre mãe e namorado —, quanto pela culpa do marido — que assumira categoricamente o papel de vilão, primeiro pela traição, segundo pela filha bastarda e terceiro pela forma como prejudicaria a mulher na separação decorrente de suas inconseqüências. Tudo isso é uma cena muito propícia à criação da mártir que se consome em função do Outro, mas que também cobra dos outros as mesmas renúncias que se impusera.

A menina de doze anos encontrava-se, no momento do desencadeamento do sintoma, na entrada de sua puberdade, sofrendo portanto todas as conseqüências dessa intensa transformação.

Subjugada a mãe, que renunciou ao próprio desejo em benefício dela, apesar de seu ciúme e intolerância, ela ao contrário só pensara em si mesma, no ciúme que sentira! Sem ter como reinterpretar essa situação, e estando sob a pressão da culpa, estava ameaçada de perder o valor e a representatividade para o Outro. Essa ameaça configurava-se perigosa para sua integridade psíquica, já que sentira mesmo muito ciúme, e justamente daquela que se desfizera do amor em seu benefício.

O sintoma manifestado na pele refere-se representativamente aos instrumentos de individuação, às próprias percepções com as quais o sujeito deveria integrar-se na aproximação com as

O gozo no sintoma *psico-somático* 91

imposições do Real, mas que tendenciosamente seguem as interpretações distorcidas que ousam poder transformá-lo. O desencadeamento do sintoma é o reflexo do 'absurdo' que se vive, pela situação ainda não representada, da falência da imagem onipotente com que se julga possibilitar-se para alguém, sem a chance de reinterpretar corretamente os fatos. É exatamente por isso que o sintoma aparece na pele, no receptor da sensibilidade que diferencia *um para o Outro*.

A pele é um sistema fisiológico que além de outras funções cumpre a de separar o sistema orgânico interno do meio exterior e efetivar trocas entre eles. A transpiração, os receptores de temperatura, dor e contato, entre outros, são funções que regulam a interação dos sistemas interno e externo. Essa função possibilita que a pele sirva de representação para os processos de diferenciação na evolução psíquica do sujeito. Uma boa adaptação dentro dos papéis familiares, em que o sujeito possa encontrar-se dentro dessa dinâmica, serve para a adaptação do tempo absoluto biológico à relativização externa. O sujeito conseguir individualizar-se dentro da célula familiar, reconhecendo-se em seu lugar, é um êxito da relativização com respeito ao tempo absoluto biológico. Isso favorece o bom desenvolvimento dos sistemas fisiológicos que compõem a pele, sob o comando do sistema nervoso central e periférico. A boa integração psíquica protege de interferências o desenvolvimento biológico.

No caso de psoríase analisado, os fatos não se sucederam integradamente. A paciente, desde cedo, sentiu-se atraída pela possibilidade de ser-para-o-Outro, e aplicou-se em entender os códigos dessa comunicação entre desejos de mãe e filha. Quando se viu sem sua fonte de referência principal, uma vez que a mãe estava apaixonada pelo namorado, desorganizou-se sem que pudesse reativar o sistema de tradução do Real, já que este estava comprometido com as interpretações particulares do Outro. Percebendo-se perdida e rejeitada, atuou seu ódio contra as possibilidades alheias, pois as próprias lhe faltavam. A sensação de desamparo em situações como essa é representada como perda da condição de vida, o que nos leva à origem do processo todo, no qual a devida tradução do Real se compromete em interpretações narcísicas, que por sua vez interferem com os ciclos evolutivos de maturação biológica e de sistemas fisiológicos.

Ao deflagrar-se o sintoma da psoríase — com todos os seus componentes, que são a descamação, coceira e irritação, conseqüências do processo inflamatório — fica muito difícil pensar em outra coisa que não seja os incômodos ocasionados por ela, principalmente os relacionados com a repulsa a que estão sujeitos os portadores dessa doença. A relação com um sintoma dessa natureza faz com que o paciente torne-se muito irritado, por querer coçar e não poder, por não se sentir apresentável para o convívio social, e insuportável para um contato íntimo e afetivo.

O gozo no sintoma *psico-somático* é percebido em sua submissão ao sintoma. Submissão esta que guarda as condições de reencontro com o corpo e sua possibilidade de reorientar a interpretação do Real. O momento de expressão do gozo antecede qualquer possibilidade de significação e reflete-se apenas no encontro com suas próprias percepções, alienadas que estavam em conceitos que não as levavam em consideração. A característica desse momento singular está em que o sujeito, num curto espaço de tempo, pode viver apenas o produto de sua percepção, sem ajuizá-la segundo suas interpretações particulares. Por alguns segundos o sujeito deixa de ser aquilo que imagina ser e pode ser apenas o que 'presentemente' está ocorrendo em seu organismo.

O gozo no sintoma *psico-somático*

Nesse precioso momento, consegue romper com os compromissos exigentes do narcisismo e viver a desorganização corporal sem que isso represente estar falido para o Outro, o que seria uma perda do amor e da possibilidade de ser amado, seguida da idéia de falência pessoal. O sintoma, que tem em si mesmo o prazer do reencontro com o objeto perdido em interpretações distorcidas, traz em seu âmago a força do contato com o Real e seu poder de imposição, recuperando a vivência em sua qualidade básica, mas sem a possibilidade de reinterpretá-la. Para poder reinterpretá-la, seria necessária a compreensão devida das estruturas simbólicas que a dirigem, o que implica uma primeira conscientização de que o signo se impõe ao homem e o conduz muito mais do que este homem pode imaginar.

O sintoma *psico-somático* é uma forma não-simbolizada de desarranjo na estrutura interna da interdição, ocasionado por interpretações narcísicas privilegiadas, que se esforçam para relegar as condições essenciais da vida — como a morte e a fragilidade do sujeito — a um segundo plano, para que não interfiram em seu sentimento de poder sobre as imposições do Real, que, indiferente, continua agindo sobre o sujeito, sem que este possa organizar-se em relação a suas imposições. A conseqüência dessa dissociação vai aparecer na desarticulação entre os tempos absoluto e relativo, ocasionando a *interferência* sobre o ritmo orgânico de crescimento e desenvolvimento.

O sintoma inscreve-se na estrutura simbólica vigente 'como uma letra de outro alfabeto', como uma 'letra perdida', que portanto não tem como ser compreendida. Isso porque é muito difícil acompanhar a linha associativa de alguns acontecimentos com a 'forma de ser' do sujeito, por existirem muitas interpretações preestabelecidas. Para que se possa compreender o caminho

94 O sintoma e a dissociação psico-somática

associativo que leva ao sintoma *psico-somático*, não se pode generalizar ou fazer correspondências entre doenças e sentimentos; o que se deve é seguir o caminho do sintoma apropriado a revelar o sujeito para si próprio, em todas as suas distorções e sentidos inconscientes, até então não reconhecidos. Essa é a tarefa de quem procura reconhecer a estrutura do sintoma *psico-somático* e recuperar o sentido da 'letra perdida'.

Voltando ao caso da paciente com psoríase, após o primeiro sintoma, as atenções familiares convergiram para sua doença, o que ajudou a encobrir o drama da retomada familiar nas condições em que se deram. Foram consultados vários especialistas, muito competentes na tentativa do controle sintomático, mas que não conseguiram atuar na causa da patologia, que continuava evoluindo em seu ciclo característico.

A história desenvolve seu curso até que um namorado fica sabendo da psoríase, que ela conseguira esconder com um corte de cabelo adequado e algumas justificativas evasivas. O namorado, que antes era apenas mais um, passa a ter grande importância por ter-se mostrado compreensivo e cuidadoso, ajudando-a no asseio das feridas nos momentos de crise. Ela se apaixona por ele e pela possibilidade de que o conteúdo retido sob a inscrição do sintoma pudesse permanecer escondendo o incômodo e a dificuldade de ela se articular por seu próprio desejo, identificada que estava com a mãe.

O inesperado surge novamente por meio de uma paixão repentina. A paciente deixou o antigo namorado, com a desaprovação da família, que se afeiçoara a ele, principalmente a mãe. Após alguns meses angustiantes, a mãe consegue provar à filha

O gozo no sintoma *psico-somático*

que o novo namorado além de dependente de drogas também é traficante. Amparada por provas, a mãe se opôs eficazmente ao namoro, invertendo as posições do conflito anterior.

Bastante perturbada com o que ocorrera à filha, que se mostrara extremamente ingênua, a mãe procura uma análise. Algum tempo depois, prepara-se para uma nova separação, agora já mais preparada e consciente das próprias dificuldades, o que lhe possibilita indicar-me a filha para análise.

A separação, sob o acompanhamento psicanalítico de mãe e filha, propiciou a reorganização dos fatores constitucionais dentro dos novos acontecimentos. A paciente, aos poucos, tem-se dado conta de seus anseios idealizados com relação à mãe e começa a prescindir da íntima sintonia com ela, o que lhe permite organizar-se melhor com o seu próprio desejo. Está orientando-se melhor em seus novos relacionamentos e seu sintoma está mais sensível às medicações tradicionais, às quais já se havia submetido sem o mesmo efeito terapêutico.

É importante ressaltar que a estrutura *psico-somática* não se desfaz com uma interpretação. É necessária toda uma série de recodificações, que permitirão a incorporação de sistemas representativos e a conseqüente reintegração do desejo em sua individualidade, além da evolução natural do processo orgânico com seu próprio tempo de recuperação. É um trabalho que exige paciência e sensibilidade para recodificar as interpretações do Real, a fim de que a simbolização tenha elementos para compor seus signos, e que esses signos possam então reorganizar o sujeito de uma forma mais adptada ao Real e suas imposições.

O órgão determinado pelo sintoma

CAPÍTULO 7

Um dos temas mais polêmicos sobre o sintoma psicosomático refere-se à determinação do órgão afetado por ele. Que correspondência haveria entre os conflitos inconscientes e um órgão? Esse órgão estaria sendo afetado apenas por sua fragilidade genética?

Essas e outras perguntas poderiam ser feitas na elucidação do que chamamos aqui de *estrutura do sintoma psicosomático*, a fim de que se revele a relação de transtorno entre o psíquico e o somático.

Se existe algum tipo de escolha, poder-se-ia dizê-la semelhante à escolha homossexual ou a de uma neurose qualquer. Uma escolha impositiva, em que a consciência não é soberana para rearticulá-la de uma maneira mais prática ou apenas menos conturbada. Na verdade se é escolhido, muito mais do que se escolhe conscientemente. O sintoma é imposto sem que dele se tenha consciência, a não ser de sua expressão constrangedora. Ele surge de dentro do sujeito, com uma coerência muito particular, cheia de mistérios e revelações.

A representação de um objeto fóbico e os conflitos da opção sexual não são definidos por um simples acontecimento ou por uma herança genética como — de modo simplista — alguns podem desejar. São produto de um longo trajeto associativo em que as interpretações do Real sofrem a ação diretiva de tendências preferenciais constituídas na congruência de muitos fatores aos quais me referi anteriormente. A representação se faz inconscientemente e nos impõe um sentido. É nesse conceito que o sujeito se confunde, por julgar-se controlador dessas associações e não uma vítima delas.

Muitos autores confundem sintoma e determinados tipos de sentimento. Criam então uma relação simples e direta entre um sentimento e uma doença, como se um sentimento por si só pudesse acarretar uma patologia orgânica. Para que essa tese se tornasse mais significativa necessitaria de reparos. O sentimento em questão precisaria estar inconsciente, porque, se houvesse consciência dele, já estaria representado de alguma forma. Não haveria, portanto, a força que condiciona o sintoma *psicosomático*, que é justamente a impossibilidade de representação. Impossibilidade essa que se caracteriza pela falta de acesso do Real ao imaginário, o qual por sua vez julga com verdades preestabelecidas e que, portanto, sofre de insuficiência de informações a serem representadas, estando dessa forma vítima de uma verdade totalitária e muito pouco prestativa a novas representações.

O imaginário, como vimos anteriormente, está predisposto a não interpretar o Real como ele se impõe, mas como deveria ser, para que seus sistemas narcísicos não entrem em falência, deixando o sujeito perdido e sem as referências interpretativas necessárias. O que gerará um caos que se refletirá fisiologicamente.

O órgão determinado pelo sintoma 99

Outra característica importante do sintoma *psico-somático* é de que ele não é apenas produto de um acontecimento atual, mas sim de toda uma vida, desde a fase embrionária até a criação dos complexos circuitos cerebrais. As exigências externas vindas do Outro e interpretadas pelo sujeito como sua condição de sobrevivência causam a futura desorganização orgânica, por impedirem um bom desenvolvimento celular. Não se pode crer que um sintoma, produto de uma desorganização psico-neuro-imunológica, possa derivar de um simples fato. Se assim fosse, não restaria muita gente viva, porque a vida sempre nos impõe fatos inusitados e traumáticos. O problema está na adaptação que desenvolvemos a essas condições, e não na condição em si, que apenas identifica o fator desencadeante de todo um processo que remonta ao início da formação histológica e fisiológica do organismo.

Não haveria porque o sintoma *psico-somático* ser compreendido mais simplesmente do que outros que não guardam íntimas associações fisiológicas. A interferência entre os sistemas psíquico e somático é um elemento a mais a ser revelado na compreensão de sua estrutura.

Chega-se então ao ponto de perguntar: qual seria a trajetória *psico-somática* e como se diferenciaria das outras a ponto de se constituir em uma estrutura específica? O ponto diferencial, a meu ver, está exatamente no tempo biológico, que chamei de absoluto por ainda não se relativizar externamente. No entanto, chamá-lo de absoluto pode defini-lo como independente de qualquer interferência. Gostaria de lembrar que não é dessa forma que o emprego. O absoluto apenas ressaltou o tempo próprio da unidade biológica, hipoteticamente sem interferências ou

100   O sintoma e a dissociação psico-somática

solicitações, para que servisse de contraste às relativizações externas ao tempo e suas distorções interpretativas.

É fundamental um ajuste mais sintônico entre os tempos absoluto e relativo, para que um organize-se em função do outro e não contra o outro, como acontece nas distorções interpretativas do sintoma *psico-somático*.

A tendência a estabelecer certas relações diretas entre sentimento e sintoma pode levar a grandes confusões. Lembro-me de uma paciente em análise que tinha o diagnóstico de esofagite de refluxo, e que sempre enjoava e vomitava ao visitar uma prima. Extremamente invejosa da condição financeira da prima, ela desencadeava seu quadro sintomático sempre que presenciava os ganhos da outra. Interpretei muitas vezes essa inveja, sem que obtivesse nenhum resultado. Depois de algum tempo surgiram elementos que me possibilitaram perceber que a inveja encobria uma relação específica de ser-para-o-Outro; foi quando apareceram os primeiros sinais de evolução.

Quando a paciente era pequena, sua mãe lhe dizia que só seria alimentada se fosse uma boa moça. Boa moça, como pude ir descobrindo, representava para a mãe ser charmosa e graciosa para que futuramente conseguisse um marido rico que possibilitasse a ela, e principalmente à mãe, os privilégios da vida rica e abastada. Como isso não ocorrera, pois a filha casou-se sem a concordância da mãe, exatamente por não preencher os requisitos da fantasia que lhe era imputada, a paciente, quando defrontava-se com a prima, que supostamente satisfazia o requisito que lhe fora exigido, desencadeava as crises de vômito. Esse sintoma é condizente com o que a mãe dissera e atuara por toda vida, em sua relação com a filha. Sentindo-se obrigada a satisfazer a mãe, não se permitia ser alimentada e satisfazer-se, já que ela não cumprira com sua condição, à qual se sentia presa. O ato final do conflito surge por meio dos vômitos, como uma confirmação de sua submissão à fala da mãe, que inclusive a impedia de perceber a verdadeira natureza da inveja, que era a de poder tornar-se independente do que achava estar determinado para ela. Como não conseguira ser a 'boa moça' esperada pela mãe, vivia a ameaça de não poder ser alimentada e de não conseguir ser amada, já que continuava cobrando-se a satisfação ao Outro, como condição para sua própria vida. Seu aprendizado de satisfação digestiva sempre esteve condicionado a um pagamento final, o que trazia muita ansiedade a esse processo, que passou a sofrer *interferência* em seu funcionamento normal, já que a função digestiva passa a ser efetuada sob a tensão do compromisso com o pagamento final em que se organizara com a mãe, e portanto com o futuro comprometedor que a colocava em dívida com o Outro.

Desde pequena, a forma que deveria ter para a satisfação do Outro contrapunha-se ao seu tempo biológico, necessário à devida adaptação fisiológica.

As tensões derivadas do compromisso narcísico constituem-se em sérias ameaças à maturidade fisiológica, possibilitando que alguns elementos de sua estrutura, prejudicados em seu desenvolvimento, desestabilizem-se mais facilmente que outros, sob as tensões advindas de sua ameaça específica.

A paciente ainda não havia conseguido representar-se por meio de suas possibilidades, pois as tentativas de emancipação eram feitas no sentido de se ver distante daquilo que não podia compreender e reorganizar. Foi necessário que ela percebesse seu desconhecimento a respeito da dependencia em relação à fala materna. Ainda que contradizendo a mãe na escolha do marido, não agia por motivação própria, mas apenas para aliviar-se da tensão a que estava constantemente submetida; para provar a si mesma que não dependia mais dos conceitos maternos. Isso sem se dar conta de que agir a favor ou contra a mãe são apenas duas formas diferentes de ser-para-o-Outro.

Foi necessário que sua disponibilidade fosse trabalhada para as possibilidades que se abrem como conseqüência do próprio desejo, impedidas que estavam pela compulsão em sujeitar-se ao desejo do Outro. A ameaça em condições de interferir fisiologicamente é aquela que desestabiliza as noções de valor próprio, fundada narcisicamente na interpretação particularizada do Real, por meio da relação imaginária em ser-para-o-Outro.

A desestruturação da interpretação narcísica implica encontrar o caminho do próprio desejo e da simples tradução do Real. Para que isso aconteça é necessário reelaborar os mecanismos que regulam a passagem do Real ao imaginário. Além disso, é preciso estabelecer um compromisso sempre corretivo a partir da tradução do que se é imposto pelo Real e a partir daí então criar a própria verdade, sempre pronta a ser corrigida pelas imposições a que estamos continuamente expostos. Inverter essa ordem e criar a verdade antes da tradução é gerar uma interpretação particular, é predispor-se a um tipo de ameaça que, se eventualmente somada a outros elementos da história particular do sujeito, pode vir a criar sintomas *psicosomáticos*.

O órgão determinado pelo sintoma

103

O corpo deve sua condição de objeto da imposição do sintoma a um princípio básico de identificação. Por conseqüência das falhas interpretativas, desviadas da simples tradução do Real, a integração do sujeito perde sua posição mais segura em relação à unidade entre o ser vivente e o sistema que o cerca. O homem integra-se á unidade a partir da identidade que aprende a significar — a lei que rege a vida para qualquer ser.

O sintoma *psico-somático* recolhe o sujeito perdido em divagações ao gozo identificatório, ao reencontro com o objeto perdido da identificacão significante, mas para isso é preciso que ele aprenda a organizá-la simbolicamente.

Em seu *Seminário 20*, assim se refere Lacan a essa questão:

O corpo, o que é ele então? É ou não é o saber do Um? O saber do Um se revela não vir do corpo. O saber do Um, por pouco que possamos dizer isto, vem do significante Um (Lacan,1985, p.195).

Acrescentaria às palavras de Lacan o seguinte: o saber do Um se revela não vir do corpo, mas sim por intermédio do corpo. Quero dizer com isso que o corpo não é o significante Um, aquele que cria o sentido, mas um elo muito importante com a imposição do Real, vivida por meio de nossa própria composição biológica, como se fosse uma massa de Real, de dentro da qual nos formamos. Acho que aí se reconhece a estrutura do sintoma *psico-somático*. Não se pode fazer do corpo um significante, pois esse significante é o saber do Um, a simples tradução da imposição do Real. O corpo só conduz e reorienta uma cadeia de sentidos se a percepção estiver afinada com o

104 O sintoma e a dissociação psico-somática

Real e se o processo de castração (barramento) for capaz de abrir as possibilidades na devida integração da falta (ausência). Somente assim se promove um encontro com o objeto em condições de que ele seja representado.

Encontra-se algo semelhante em J. D. Násio, *Psicossomática. As formações do objeto* a.

A questão não é sempre o apelo que é sempre significante, quer dizer, uma resposta que não remeta a mais nada, uma resposta gelada, um congelamento. A 'gelada' é de Winicott (freezing). O desejo é gelado, congelado, cristalizado, e é aí que a resposta é uma outra resposta, que não significante. É a isso que eu chamo de formações do objeto a: *são produções psíquicas onde não há referência significante* (Násio,1993, p. 24).

Optaria por entender o congelamento citado por Násio de outra forma, não como não tendo referência significante, mas sim uma outra referência. Um outro signo se torna ativo no momento da lesão corporal, signo esse que teria seu desenvolvimento interpretativo nas alterações fisiológicas, até porque não existe uma situação que não tenha referência significante.

Lacan diz que o 'emassamento' de S1 e S2, que seria a falta de relação associativa entre os dois significantes, traduz uma dificuldade de interpretação e recepção entre os significantes, com ausência do recalcamento promordial (interdição). Para Lacan, um significante representa o sujeito para outro significante, portanto essa falta de representação é fundamental na psicosomática, na proporção em que se integra um novo conjunto re-

O órgão determinado pelo sintoma

105

presentativo: o corpo lesado! Que nesse momento faria as vezes do recalcamento primordial, caracterizando-se por uma nova interpretação, e não pela ausência dessa interpretação.

Creio estar dando forma à questão de que o sintoma *psico-somático* estaria fazendo as vezes do recalcamento primordial e não que ele não exista nessa estrutura. Estou insistindo na existência do significado sob o sintoma, o qual necessita apenas ser recolocado na cadeia significante. O sintoma *psico-somático* evidencia a falta de sustentação da cadeia interpretativa distorcida, baseada em interpretações narcísicas, preocupadas em ser-para-o-Outro, para preservar a imagem idealizada de si próprio, infalível e superprotegida. O sintoma *psico-somático* expõe a falha do sistema dissociado do Real e guarda-se em estado puro para ser reinterpretado.

O conceito correto de signo é muito importante no trabalho dessas questões, principalmente porque um signo tem dentro de si a possibilidade da interpretação.

C. S. Peirce, em *Semiótica*, refere-se assim ao signo:

Um signo, ou um representamen, *é algo que, para alguém, faz as vezes de alguma coisa, em alguma relação ou a título de algo. Ele é dirigido a alguém, ou seja, cria na mente dessa pessoa um signo equivalente, ou, talvez , um signo mais desenvolvido* (Peirce,1990, p. 51).

Percebe-se que a ação ocorre entre signos, o que poderia nos surpreender a princípio. Onde está o sujeito? Para Peirce, o sujeito é signo! As articulações sígnicas é que nos compõem como sujeito. Antes mesmo de nascer, estamos preestabelecidos como signo em alguma mente interpretativa. Note a semelhança da explicação de Peirce com o que Lacan nos faz conhecer da estrutura de linguagem do inconsciente; esses dois grandes autores coincidem ao pensarem na constituição do sujeito, aparentemente tão distantes, mas muito próximas na descentralização do eu.

Sabe-se muito pouco a respeito do que acontece dentro de nós mesmos. Se no sintoma neurótico o signo estava mais envolvido com a expressão do recalcado em formas que escapassem à censura e pouco com a referência primordial e suas identificações, na *psico-somática* a categoria do signo parece ter um outro elemento de determinação. Que signo estaria sendo criado para representar o corpo afetado e em que mente interpretativa?

Buscando 'ajuda' na medicina geral, veremos que o sintoma já é uma resposta de defesa a uma afecção. Dentro do processo inflamatório, as defesas imunológicas já combatem os invasores que liberam suas toxinas, das quais o organismo defende-se com alterações fisiológicas adequadas. Isso demonstra que o corpo, em seu funcionamento extremamente complexo, possui sua própria 'mente interpretativa', e é exatamente essa interpretação fisiológica a requisitada no gozo do sintoma *psico-somático*. Essa é uma mudança de ordem referencial, que passa de um plano significante para outro, podendo até parecer que se tenha perdido o poder de significação. Porém, apenas se muda a razão de significação, em que se busca a identidade primordial a qualquer custo, sob a vivência do caos interpretativo distorcido, em que o tempo relativo descompatibiliza-se com o tempo absoluto bioló-

O órgão determinado pelo sintoma

gico, pressionando as condições normais de desenvolvimento e fragilizando seus sistemas fisiológicos, o que poderá futuramente se transformar em disfunção.

Uma paciente encaminhada para a análise por seu gastroenterologista, em razão de uma gastrite de 'origem emocional', exclamou algo, durante uma sessão, algo que me marcou profundamente. Sempre solicitada pela família, que a considerava muito responsável e com 'um futuro brilhante' pela frente, vivia à custa dessa fama e fazia dela sua razão de *ser*. Disse certa vez no auge do desespero: "O único momento em que me sinto viva é quando estou com dor de estômago!"

Sentir-se viva para ela era deixar de viver a representação por meio da qual era reconhecida, para assumir sua dor de estômago, que na verdade era a única dor realmente sua. A outra, a dor de viver algo que não tinha relação com ela, mas com a imagem que foi criada a seu respeito, não tinha a mesma propriedade identificatória. Sentir-se viva era descompromissar-se das exigências externas que a 'consumiam'. Só assim controlava a projeção de suas próprias exigências construídas em ser-para-o-Outro. A dor representava a recuperação de si própria, como se um elo perdido em sua própria organização se recuperasse na dor da desorganização fisiológica. Esse era o momento em que se tornava inacessível para outras solicitações. O gozo aparece em sua manifestação orgânica como uma explosão identificatória.

Lacan também se manifesta sobre a relação entre gozo e o trabalho inconsciente. Ele se pronuncia em seu *Seminário 20* da seguinte maneira:

O sintoma e a dissociação psico-somática

O inconsciente é que o ser, ao falar, goza. Isto evidencia que o ser , ao cometer um equívoco, põe em ato o inconsciente. O trabalho do inconsciente implica o gozo e a energia que se desprende quando o inconsciente trabalha (Lacan,1985, p.154).

As características de funcionamento de uma família podem exibir disfunções que colaboram para as desordens *psicosomáticas*. Para o sujeito, exercer apenas as próprias possibilidades dentro família pode parecer pouco atraente se comparado à tentação de representar os anseios familiares. Ter uma imagem definida, em que seja reconhecido por todos, significa adquirir uma identidade garantida em seu meio. Ser algo para a família passa a ser mais importante para o sujeito do que se descobrir dentro da família, com necessidades e obrigações.

Essa abordagem que relaciona sintomas *psico-somáticos* com disfunções familiares também se encontra em alguns textos de Gisela Pankow, que diz haver nos pacientes *psico-somáticos* uma correspondência entre zonas de destruição na imagem do corpo e zonas de destruição na estrutura familiar. Seria possível pensar então que alguns fenômenos *psico-somáticos* estudados cumprem o papel de significante que procura compensar a desorganização estrutural familiar.

Em alguns casos, podem-se perceber as relações de compromisso que acabam atuando para a formação de sintomas *psico-somáticos*. Ao analisar uma paciente que se separara de seu marido (atingido por uma doença degenerativa que o deixara incapacitado e agressivo), pude perceber o quanto sua angústia era introjetada pela filha mais velha, a ponto de fazer com que desenvolvesse uma colite. A separação, como era de se esperar em uma situação como essa, fora bastante complicada, com o agravante de a família do ex-marido ser muito rica e interpretar a atitude da paciente como um golpe financeiro mal-sucedido. Não admitiam a separação e a responsabilizavam por qualquer piora no quadro do marido, a despeito das situações de agressão protagonizadas por ele contra a paciente e seus filhos.

Preocupada com sua nova situação de separada, mãe de dois filhos pequenos e ainda cuidando das visitas paternas um tanto quanto problemáticas, temia muito envolver-se novamente com alguém, supondo que seu contexto enviabilizasse qualquer relação. A paciente vivia assustada pelo que acontecera ao marido, transformado repentinamente em uma 'criança descontrolada', fazendo-a pensar que também não estava imune a mesma sorte. A fantasia da fatalidade que a alcançaria inexoravelmente fazia com que vivesse a constante sensação da perda iminente.

Assim se relacionava com tudo que a envolvia, inclusive com a filha, que acabou desenvolvendo uma colite, que lhe causava diarréias freqüentes.

Fazendo-a perceber o quanto estava sugestionada pela fantasia e o quanto incorporara a culpa e o castigo conseqüentes, apesar de todos os cuidados que dispensou ao marido durante seu estado agudo, pôde a paciente ir-se tranqüilizando com sua nova relação e lembrar-se de que a família, que agora a acusava, omitira-se durante a fase aguda da doença do marido, quando ela passara dias e noites ao lado dele sem que ninguém se dispusesse a ajudar.

A compreensão adequada da sensação de culpa possibilitou também a reorganização da filha, que pode deixar de se colocar como um fator de sofrimento para a mãe. Ao deixar de identificar-se com a angústia da mãe, por meio da qual buscava uma ligação capaz de representá-las unidas pelo sofrimento, abriu-se para ela (a filha) uma outra perspectiva, em que as identificações poderiam buscar outros fatores de sustentação da ligação entre elas.

Foi gratificante reconhecer que o conflito vivido pela mãe pôde ser resolvido, e atestar que, assim que ela se tranqüiizou, os sintomas da filha começaram a diminuir, até o completo desaparecimento. Essas correlações sintomáticas são muito comuns quando se consegue reconhecer as dinâmicas familiares envolvidas no processo.

Um outro paciente, adulto de 40 anos, casado, portador de uma asma rebelde a tratamento clínico, foi encaminhado por seu pneumologista para a análise por não possuir nenhum fator predisponente que justificasse seu quadro asmático, o que levantou as suspeitas do colega clínico para a possibilidade de um quadro *psico-somático*. Além da asma, esse paciente tinha quadros de pânico e não podia ficar só porque começava a se sentir mal. Seus pais responsabilizavam-se por tudo que pudesse acontecer aos filhos. Educavam-no com critérios rígidos e superprotetores, regidos sempre pela lei de um pai que julgava-se capaz de prevenir todos os males, que, correspondido, os protegeria para sempre. Cumpria-se então que o paciente levasse em consideração a lei da qual dependia, procurando manter-se sempre como aquele que faz o que é esperado, sob o risco de perder a confiança nele depositada. Seria alguém confiável, somente se se dispusesse para-o-Outro, como se dele dependesse sua condição de vida.

O órgão determinado pelo sintoma

Portanto, a confiança em si próprio dependia do quanto conseguisse ser confiável para alguém. Assim, precisava que constantemente alguém o aprovasse para que não se sentisse perdido perante suas próprias decisões, sempre ameaçadoras porque potencialmente capazes de indispô-lo para com o Outro.

Seu sintoma asmático aliviava-o das decisões que pudessem comprometê-lo, já que vivia sempre no temor das asfixias. Não ajuizava em benefício próprio, apenas procurava evitar que as crises se desencadeassem. Escondia-se por trás do sintoma, que o garantia dentro de seu sistema, visto que nada acontecia por um desejo seu, apenas por medidas de precaução que seu estado exigia.

Nada em sua vida era produto da própria iniciativa, mas de seu dever em corresponder ao amor normativo que o justificava para si próprio. Seu sofrimento não induzia um questionamento sobre a qualidade de vida a que estava condicionado; ao contrário, deixava-o cada vez mais dependente, como se tudo que lhe acontecesse comprovasse sua incapacidade para viver, e não os questionamentos necessários para sua mudança de atitude com a vida.

O gozo no sintoma decorria da confirmação de encontrar-se realmente na condição para a qual inconscientemente se preparava e que conseqüentemente era a razão de sua vida. A compulsiva necessidade de se fragilizar justificava seus receios e o reasseguravam em seus medos e cuidados. No fundo, o sintoma era o produto final do sistema que o concebia. Era o momento em que tudo o que acontecia com ele acabava tendo um sentido, uma justificação para sua profunda insegurança, que não vinha da asma, mas da maneira como procedia em sua vida, omitindo-se de se orientar segundo seu desejo. Era impossível conceber a vida sem o sintoma, toda a estrutura em que se alicerçara estaria ameaçada, e conseqüentemente ele, por estar muito mais identificado do que poderia supor às justificativas cuidadosamente alimentadas por toda sua vida, e até antes dela, pois já existia como razão de ser para seus familiares que assim o conceberiam.

Gostaria de encerrar este capítulo lembrando que um órgão não é escolhido conscientemente, nem o sintoma deriva de uma fragilidade constitucional herdada, por onde se expressa sua tensão. Infelizmente não é tão simples assim, não é uma mera fragilidade orgânica a responsável por todo um quadro, que, como vimos, começa antes mesmo do nascimento. A determinação recai sobre um órgão à custa de toda uma história de distorções interpretativas, capazes de alterar a evolução funcional de um sistema, deixando-o à mercê de interpretações narcisicamente tendenciosas, que, por não levarem em conta o tempo biológico necessário, acabam interferindo nessas funções e fazendo com que o sistema atingido expresse-se sintomaticamente. O sintoma *psico-somático* é, entre todos os outros, o único que consegue interferir no sistema fisiológico. Isso acontece sob a ameaça de falência a que está submetido o psiquismo, o que compromete a devida adaptação do tempo absoluto biológico às relativizações, e faz com que estas, ao invés de protegerem o seu amadurecimento, passem a pressioná-lo, gerando interferências prejudiciais à sua evolução constitucional.

Síntese

CAPÍTULO 8

Aventurei-me por muitos conceitos na tentativa de ampliar o campo significativo da dissociação *psico-somática* e estabelecer uma estrutura na origem do sintoma, para delimitá-lo e diferenciá-lo de outros que também produzem somatizações.

Meu propósito é de revelar o corpo como signo, com possibilidade de representar algo para uma mente interpretante, sensível a essa comunicação que procuro aqui definir. O corpo esteve restrito a intervenções técnicas e reduziu-se em sua significância. Procurei recuperar sua condição de significação; retomá-la nos caminhos em que se perdera, para que novas perspectivas de compreensão possam abrir-se; para que não nos ocupemos apenas da doença, relegando o indivíduo a um plano secundário.

O corpo é a formalização da morte; por onde ela se apresenta e é reconhecida como significante da expressão do Real. Não nos esqueçamos de Peirce: "O sujeito é signo!" Os signos são formas por meio das quais nos relacionamos com o espaço e o tempo, na tentativa de interpretar o que nos acontece, e como a vida e a morte nos dirigem. O corpo orienta as interpretações para que não se percam narcisicamente sem o constrangimento do Real.

O barramento originário, de que fala Lacan, estrutura na castração as formas de funcionamento, as leis, com as quais podemos nos articular dentro do mundo sígnico. Portanto, a castração não é um golpe mutilante, de exérese, como pode parecer à primeira vista; é apenas a criação sígnica dentro das faltas que nos constituem. A castração é a distância do Real (inatingível), aferida na verdade como produto sígnico; portanto, a verdade é cativa do signo, sua referência ao Real, sem o que perderia sua condição de verdade.

Ao deixar de se identificar com uma imagem do 'eu', o sujeito se sensibiliza para a linguagem inconsciente. Ao mesmo tempo que soterra enquanto *ser* absoluto, limita-se e introduz as leis das ligações. O sujeito não é isolado e autonômo; ele é linguagem, de modo que terá todas as características que a linguagem lhe dá.

Assim escreve Lacan no *Seminário 11*:

O inconsciente é a soma dos efeitos da fala, sobre um sujeito, nesse nível em que o sujeito se constitui pelos efeitos do significante. Isto marca bem que, com o termo sujeito — e por isso que o lembrei uma origem — não designamos o substrato vivo de que precisa o fenômeno subjetivo, nem qualquer espécie de substância, nem mesmo o logos que encarnaria em alguma parte, mas o sujeito cartesiano, que aparece no momento em que a dúvida se reconhece como certeza — só que, pela nossa abordagem, as bases desse sujeito se revelam bem mais largas, mas, ao mesmo tempo, bem mais severas quanto a certeza que ele rateia. É isto que é o inconsciente (Lacan,1964, p. 142).

A percepção é a porta de acesso ao Real e por onde sua força impositiva e estruturante se faz pronunciar. O sujeito é criado pelos efeitos de sua força impositiva interpretada segundo as condições particulares de busca da verdade.

Lucia Santaella estuda o processo perceptivo em *A percepção: uma teoria semiótica* (1993), e assim se pronuncia:

O percepto é aquilo que aparece e se força sobre nós, brutalmente, no sentido de que não é guiado pela razão. Não tem generalidade. É físico, no sentido de que não é psíquico, não cognitivo, quer dizer, ele aparece sob uma vestimenta física. É um acontecimento singular que realiza aqui e agora, portanto irrepetível. Trata-se de um cruzamento real entre um ego e um não-ego, secundidade. Percepto etimologicamente tem o significado de apoderar-se, recolher, tomar, apanhar, ou seja: Alguma coisa que não pertence ao eu, é tomado de fora. É algo compulsivo, teimoso, insistente, chama a nossa atenção. Algo que se apresenta por conta própria, por isso, tem força própria (Santaella,1993, p. 91).

A força impositiva do Real está sendo valorizada desde o começo desse estudo para que seja reconhecida como o *norte* da bússola representativa, como constrangimento do signo a partir da verdade em busca do Real. Sem sua referência, espaço e tempo não se completam, nem se complementam os tempos absoluto e relativo. O sujeito, em seu vir-a-ser, necessita do arranjo sígnico constrangido à força impositiva do Real, para que possa gerar suas possibilidades e para que estas não se transformem em sintomas. A existência do Real independe da representação e determina o signo: adaptando-o ao contexto da vida ou sintomatizando compulsivamente.

Lacan em seu *Seminário 11* coloca a repetição entre os quatro conceitos fundamentais da psicanálise. Conceito que revela a imposição sintomática, não como um mero acaso, mas como produto da linguagem inconsciente sedimentada sobre a força impositiva do Real. A repetição nada mais é do que a base do funcionamento sígnico do sujeito, ainda não reconhecida por sua consciência.

O sujeito define-se apenas por algumas constatações privilegiadas com as quais se identifica, mas isso não quer dizer que sua identificação seja o todo do que o governa, apenas assim se faz reconhecer pelos outros e até para si próprio.

A consciência define-se como uma função que focaliza e ilumina alguns elementos de um conjunto sob uma determinada composição — que no caso discutido é a identificação —; por isso as identificações são variáveis de acordo com sua estrutura compositiva. Como médico, posso identificar-me com uma classe de pessoas que detém um conhecimento específico, mas para um historiador sou um entre outros homens do século XX, sem que a especificidade de ser médico me coloque em outra categoria, já que não é esse o enfoque privilegiado. Não deixei de existir por mudar de categoria, apenas o enfoque da consciência privilegiou um outro elemento, pois, além de médico, sou um homem do século XX.

Não se pode confundir o *ser* com sua representação, que nada mais é do que uma forma de ser reconhecida por outro *ser*. Se essa diferença não for observada, as partes do ser, fora da representação identificatória, podem anunciar-se por intermédio de sintomas neuróticos se conseguirem algum outro tipo de representação, ou podem interferir com o funcionamento fisiológico se o acesso entre o Real e o imaginário não for permeável às adequações temporais (absoluta e relativa), e na composição do sujeito em seu vir-a-ser, sem as imobilizações narcísicas identificatórias.

Essas questões estão presentes na teoria freudiana. Seu conceito de *retorno do reprimido*, descrito em muitas de suas obras, mas principalmente em *Inibição, sintoma e angústia*, refere-se à composição do sintoma, como conseqüência da força da repressão em nível inconsciente, sobre um determinado material particularmente comprometido com critérios discriminatórios, oriundos da formação social e moral, identificados à sua noção de *eu*. A organização da repressão faz com que o sujeito seja reconhecido por outros e portanto identificado a um princípio comum que o torna *filiado* a uma determinada classe que privilegia os mesmos elementos para sua conscientização. O que é expresso fora das determinações não pode ser reconhecido como próprio, em conseqüência da ameaça de perda da identificação, restando portanto a via sintomática, em que não há descriminação, apenas expressão impositiva, que Freud chamou de "compulsão sintomática".

A repetição conceituada por Freud e Lacan, cada um a sua maneira, também tem muita importância nos sintomas psicosomáticos. A experiência subjetiva da compulsão está camuflada pela dor do sintoma orgânico, mas não está ausente. A repetição foi compreendida não só em sua manifestação, mas em sua estrutura, em sua composição íntima, a qual é formada por signos que compõem o sujeito, algumas vezes sem que ele perceba seu funcionamento, apenas sua expressão, experimentada então compulsivamente. No sintoma *psico-somático*, os signos atuantes não são capazes de fazer uma tradução adequada do Real e tendem a

118 O sintoma e a dissociação psico-somática

interpretá-lo de uma maneira particular segundo suas concepções narcísicas. A conseqüência é que o tempo biológico necessário a um bom desenvolvimento histológico e fisiológico não é respeitado por exigências externas, priorizadas na ânsia de satisfazer ao Outro e reconhecer-se amado e significado por ele. Essa dissociação temporal promove uma *interferência* na maturação biológica, fazendo com que a célula ou o sistema fisiológico tenham falhas em sua maturidade, o que poderá acarretar futuramente, sob regime de pressão, a descompensação funcional.

A *interferência* é o pressuposto básico do sintoma *psico-somático*. A meu ver, o sintoma não tem intensionalidade, sua interpretação compreensiva leva a um apelo doloroso, submisso à ameaça de desintegração, a qual o psico-somático está predisposto por se sujeitar ao comando narcísico, dissociado do constrangimento da verdade imposto pelo Real. É impossível negar perceptivelmente a morte, ela se impõe no ciclo do dia e da noite, na degeneração celular e na transformação das substâncias vivas, articuladas no tempo e espaço. No entanto, sua correta orientação associativa depende da estruturação de signos constituídos na tradução do Real, para que possam tornar-se pontos de orientação e referência para as associações simbólicas. O sintoma *psico-somático* não tem uma intencionalidade, apenas registra uma *interferência* no tempo de maturação biológica e fisiológica, o que trará como conseqüência predisposição à desorganização, nas situações em que o sistema psíquico, em vez de buscar um sentido, desorganiza-se caoticamente, expondo sua imaturidade e *interferindo* com funcionamentos fisiológicos, que podem então desorganizar-se sintomaticamente.

É possível comprendermos essa questão, dentro da teoria semiótica da percepção, se voltarmos ao que se discutia anteri-

Síntese

ormente com relação ao percepto. Introduzirei um conceito de Peirce *(Collected papers* 7, 642), denominado de *percipuum*, no qual os dados impostos pelo *percepto* buscam acesso ao julgamento perceptivo:

Nada podemos saber sobre o percepto, a não ser pelo testemunho do julgamento de percepção, exceto o fato de que sentimos o golpe do percepto, a reação dele contra nós. Assim como vemos os conteúdos dele arranjados no objeto.

Mas no momento em que fixamos nossa mente sobre o percepto e pensamos sobre o menor detalhe dele, é o julgamento de percepção que nos diz o que nós assim percebemos. Por essa e outras razões, proponho considerar o *percepto*, tal como ele é imediatamente interpretado no juízo perceptivo, sob o nome de *percipuum*.

O *percipuum* só pode ser o objeto imediato do julgamento perceptivo, fazendo a mediação entre a mente e o mundo exterior imposto pelo Real. Já o julgamento de percepção ajuizaria, segundo preceitos próprios, pelas mais diversas vias, já discutidas anteriormente.

O percurso 'percepto-*percipuum*' nunca se perde e continuará sua trajetória. Se essa trajetória for incorporada ao universo individual sígnico, estaremos mais aptos à adaptação com a vida; caso não o seja, irá manifestar-ser por sintomas compulsivos ou *interferirá* com os sistemas biológicos e fisiológicos.

Pode-se perceber a dura batalha travada dentro do julgamento perceptivo, entre a imposição perceptiva conduzida pelo

O sintoma e a dissociação psico-somática

Real e as infinitas possibilidades sígnicas, aliadas aos mais diversos significantes com o poder de conduzir as cadeias associativas. O produto final do percurso 'percepto-*percipuum*' no julgamento perceptivo, respeitoso a imposição do Real, é o crescimento do universo sígnico adaptado a interação corporal absoluta e relativa, preparando o sujeito ao seu vir-a-ser.

A *determinação* do sintoma foi discutida em oposição a idéia de escolha, como é comumente tratada a questão de sua organização, por se tratar de um processo que ocorre longe da consciência e de sua vontade, regida por estruturas ainda não conscientizadas como do próprio sujeito.

Porém fica a pergunta: "Por que o estômago e não o fígado?" Essa questão necessita de três níveis de resposta. Primeiro, pelas características de inervação dos órgãos, que são muito diversas. Segundo, porque se não existe a especificidade direta entre emoção e sintoma, existe a *temporalidade,* o ajuste da maturação biológica às exigências de interpretações distorcivas que atuam num determinado espaço percorrido pela evolução biológica, afetando-a num local específico, regido por meio das incompatibilidades temporais. Terceiro, o inconsciente. Não se pode privar a unidade psicossomática da ação inconsciente, como se aí prevalecesse o único reduto cartesiano. O conceito de inconsciente introduzido por Freud revolucionou muitas teorias até então inabaláveis; infelizmente, as teorias sobre nosso próprio corpo ainda permanecem na obscuridade dos preconceitos que se teima em cultivar. Ninguém escolhe um sintoma: um neurótico não escolhe seu objeto fóbico; porque se assim fosse escolheria um objeto muito distante dele para que não se submetesse a crises de angústia no contato com ele. Nunca se soube de alguém com fobia

Síntese

a elefantes ou rinocerontes; o que se encontra são os fóbicos a gatos, baratas, cachorros etc., objetos que são muito menos assustadores do que os primeiros, mas com os quais se tem contato freqüente. E é assim que serão captados dentro da rede significativa que compõe tramas orientadas por significantes específicos, deslocando para esses objetos e suas percepções julgamentos distorcidos em sua particularidade intepretativa.

Os signos evoluem dentro do sujeito com seu próprio tempo de desenvolvimento; signos mais adaptados ao Real têm uma tendência maior para crescer e se desenvolver, porque estarão seguindo o fluxo Real da interpretação. O limite do crescimento cria sintomas e *interferências* biológicas e fisiológicas.

Existe uma primeira concepção imaginária da barriga, do peito, da cabeça; para que depois possa relacionar-se simbolicamente com o intestino, o pulmão e o córtex cerebral, mais desenvolvidos, mas sempre relacionados com as primeiras interpretações afetivas. Essa evolução pode sofrer *interferência* em seu processo evolutivo até atingir um maior desenvolvimento simbólico, permanecendo com algumas características imaginárias que deixam de participar na adaptação da função orgânica, para passar a *interferir* em sua composição, pois o desenvolvimento simbólico se integra ao processo de maturação biológica, um influenciando o outro. Basta lembrar das etapas de controle esfincteriano, tão sujeitas a alterações de natureza emocional, como a enurese e encoprese.

A antropologia moderna muito nos ajuda a compreender a importância da interação simbólica e biológica. A atividade do xamã, descrita anteriormente, parte de um princípio simbolizante a partir das necessidades da sociedade, que se desenvolve sob o princípio unitário da integração do homem ao meio em que vive, seguindo portanto as imposições do Real. As estruturas simbolizantes nas civilizações primitivas foram muito bem estudadas pela antropologia moderna, para que delas se possa tirar proveito, conseguindo assim cuidar da ingenuidade que cultivamos a respeito desses conceitos muito subestimados em nossa sociedade capitalista atual. Não é sem sentido que hoje o conhecimento do sintoma *psicossomático* recupere essa direção da unidade psicossomática, pois essa dissociação é estabelecida por intermédio de mecanismos de negação a respeito de nossa natureza finita e limitada.

Claude Lévi-Strauss descreve assim essa comparação entre as sociedades primitivas e a moderna em *O pensamento selvagem*:

Em nossa civilização, tudo se passa como se cada indivíduo tivesse como totem sua própria personalidade: ela é o significante do seu ser significado (Lévi-Strauss,1989, p. 144).

Foi o mesmo Claude Lévi-Strauss quem definiu o momento em que se passa da natureza para a cultura. Para ele, o homem é introduzido à cultura pela interdição. Não uma interdição específica como a do incesto, mas a interdição que viabiliza o sujeito dentro de seu meio, que o permite reorganizar suas trocas e orientá-las segundo suas necessidades, para que aumentem suas possibilidades de sobrevivência. Lévi-Strauss demonstrou que muitas culturas primitivas permitem só casamentos com familiares, quando as tribos vizinhas são mais pobres e mais carentes de técnicas de caça, pesca e cultivo. O que rege o sentido das trocas é a necessidade; portanto, a interdição possibilita a sua organização. Em *As estruturas elementares do parentesco*, ele assim descreve a passagem da natureza para a cultura:

A natureza impõe a aliança sem determiná-la, e a cultura só a recebe para defenir-lhe imediatamente as modalidades (Lévi-Strauss,1976, p. 65).

Este é o prefácio da parte I , "A troca restrita":

Tua própria mãe

Tua própria irmã

Teus próprios porcos

Teus próprios inhames que empilhaste

Tu não podes comê-los

As mães dos outros

As irmãs dos outros

Os porcos dos outros

Os inhames dos outros que eles empilharam

Tu podes comê-los

(Aforismos Arapesh, citados por M. Mead, *Sex and temperament in three primitive societies.* Nova York, 1935, p. 83).

Descreverei a avaliação clínica de um paciente infartado, que muito me ajudou a esclarecer a característica da estrutura *psico-somática:*

Chamado para avaliar um paciente que sofrera infarte aos 50 anos, sem nenhum fator predisponente e em bom estado clínico, sensibilizei-me com sua intensa falta de autopercepção.

Ao perguntar-lhe se fazia alguma associação de seu infarto com qualquer acontecimento — por ele considerado importante ou não —, ele foi categórico em afirmar que não. Prossegui a investigação, não obtendo nada de significativo em sua história.

Esse senhor, culto e fluente, sempre muito determinado em seus conceitos, não parecia alguém que acabara de sofrer infarto. Não existiam espaços para a dúvida dentro dele, 'era feito' de afirmações e certezas. Ao final da entrevista, para mim muito pouco conclusiva, eu me despedia dele, quando casualmente ele citou o casamento da filha, o que me fez perguntar sobre a data do acontecimento. Ele a refere, e a localizamos quatro semanas antes de seu infarto. Passei a questioná-lo sobre suas emoções referentes ao casamento dela e porque ele não houvera respondido no começo da entrevista quando perguntado sobre acontecimentos coincidentes, ao que ele me respondia de maneira formal: " — Não existe nada de excepcional no casamento de uma filha! Todas não se casam? Por que com a minha teria de ser algo tão diferente?" Ele realmente não acreditava em nenhuma emoção maior ligada ao acontecimento, e descrevia a tensão da filha e da mulher como se fizesse parte de outra família. A conversa então se prolongou bastante para que eu investigasse coisas que me despertavam a curiosidade. Ao final pude constatar o seguinte: seu valor para o Outro, esse alguém imaginário que fornece as referências de seu ser e que detém as noções de valor, era o de nunca se desorganizar em momentos importantes, como um capitão gelado, mas mostrando serenidade, ao timão de um navio avariado por um tufão. Se ele se sentisse perdido, não importando as circunstâncias, deixaria de ser valorizado e ficaria sem condições de ser reconhecido pelo Outro, portanto sujeito às fantasias caóticas de despersonalização. A emoção o deixaria perdido, sem repre-

Síntese 125

sentação para si próprio e para os outros, sem o seu totem, como escreveu Lévi-Strauss.

Não é preciso ir muito longe para observar na prática a extensão desse conceito, quando cardiologistas aconselham seus pacientes a *não terem emoções fortes*. Como se isso fosse possível! O perigo não é a emoção, mas sua falta de significação, quando essa significação tem o intuito de compor com o Real e, portanto, estar sempre pronto a ser reorientado. Não existe tempo perdido se o sujeito está orientado na aproximação com o tempo absoluto, que demarca as condições da vida, do crescimento dos filhos, do próprio envelhecimento; existe apenas um tempo apropriado que possibilita a rearticulação ao Real.

Como último procedimento desta síntese, gostaria de enfatizar que procuro diferenciar a unidade psicossomática da existência, da dissociação *psico-somática* que causa sintomas orgânicos. Todos os acontecimentos da vida são psicossomáticos e não poderiam deixar de ser; apenas aqueles que trazem em sua origem a dissociação interpretativa entre um e outro é que podem causar *interferência* nos sistemas biológico e fisiológico.

Dentre as somatizações, o sintoma *psico-somático* se caracteriza por ser aquele que gera *interferência* somática, causando a doença orgânica e não sua representação, como em outras somatizações diferenciadas anteriormente. E essa *interferência* é conseqüência da pouca permeabilidade entre o Real e o imaginário, que como conseqüência deixa o processo de simbolização com pouca matéria-prima para a realização de seus propósitos.

Procedimentos

CAPÍTULO 9

Os médicos perdem muito de sua eficiência terapêutica quando desprezam a visão global do sujeito e discriminam as funções inconscientes. A necessidade de *ter* de entender impede o *poder entender* as ambivalências de que somos feitos. Obstinar-se na dissociação entre o psíquico e o somático não facilita em nada o trabalho paciente e persistente do entendimento do ser humano como um todo, não ajuda em nada reduzi-lo a apenas um sintoma. A dificuldade de recuperação de um paciente também deve ser avaliada desse ponto de vista, pois é muito frustrante sentir-se reduzido a um sintoma, sob a angústia de despersonalização e perda de valor perante os outros, como acontece com o paciente que procura o médico. Também é função do médico saber interpretar o sentimento de desautorização a que o paciente está sujeito em momentos como esse, em que impera o incontrolável e o Real se impõe da forma mais contundente, principalmente àqueles despreparados para traduzi-lo e reorganizar-se a partir dele. Um médico não cura, ele apenas ajuda o organismo a defender-se, a encontrar forças e meios para fazer frente às desorganizações a que se está sujeito. Não há nada mais importante do que conhecer a origem das desorganizações, a dificuldade de constituir-se em ser-para-a-morte, para o fim inevitável, que por assim o ser reposiciona as condições de vida segundo suas reais condições.

Ao tentar entender seu paciente e encará-lo em sua complexidade, o médico estará abrindo uma via de simbolização e reconhecimento, e, com isso, estará ajudando-o em seu desenvolvimento e na ampliação de seu universo sígnico, o que possibilitará ao paciente novos caminhos e descobertas na evolução de seu saber a respeito de si próprio.

De nada nos adianta uma certeza. Uma grande descoberta diagnóstica não é apenas um encontro, é um caminho a ser percorrido por toda a singularidade inerente a qualquel ser humano, que o torna único em sua forma de ser e agir. A busca da certeza nos deixa presos e tolhidos, enquanto a possibilidade de conhecer gera o vir-a-ser, no qual nos encontramos enquanto sujeito, sob as condições impostas pela vida. Ao procurar a certeza o homem acaba encontrando a morte, única certeza em sua condição de objeto participante da infinita rede que o envolve.

Não se pede aos médicos que sejam psicanalistas ou profundos conhecedores de Freud, mas apenas que o conheçam, que saibam um pouco a respeito do funcionamento inconsciente. O suficiente para que possam saber que o *eu* não é senhor em sua própria casa, como diz Freud, e que a consciência, tão privilegiada, nada mais é do que uma pequena fração da completude do sujeito, naquele momento selecionada; e que nem os critérios dessa pequena seleção conscientizada são totalmente reconhecidos.

Sem essa noção do funcionamento inconsciente é muito difícil compreender as formações estruturais do sintoma psíquico, para que se possa pelo menos orientar o paciente e encaminhá-lo devidamente, para um tratamento que não o reduza a um sintoma, tratado dissimuladamente. Devem-se dar condições ao paciente, a partir de uma boa orientação, de começar a reconhecer seus sintomas em sua origem inconsciente, para dessa forma restabelecer seu desenvolvimento pessoal, obstruído e paralisado pelas circunstâncias.

A doença orgânica pode ser um importante momento de reestruturação pessoal, por seu caráter de incontestável limitação. Os sinais advindos do Real são constantemente relevados por meio das organizações narcísicas da personalidade que ousam sobrepujá-lo em seu delírio de poder. Não se tem como denunciar na prática essa distorção, a não ser pelo sintoma. Nele a distorção se manifesta por meio da dor, das limitações e da característica compulsiva das neuroses. Por isso, o sintoma precisa ser recuperado como uma referência à *interferência* dos conflitos inconscientes sobre o funcionamento orgânico.

No trabalho psicanalítico, a estrutura *psico-somática* deve ser inserida como uma possibilidade de atuação terapêutica — se é que se pode dizer assim —, já que na psicanálise não se busca a cura, mas a compreensão. Os elementos a serem revelados por um sintoma *psico-somático* seguem os mesmos princípios de leitura inconsciente do processo psicanalítico. O sintoma *psico-somático* não deve ser conhecido por via de sua expressão orgânica, mas sim pelo fator indicial da complexa estrutura conflitiva interna subjacente, como uma porta a ser aberta na busca de outra cadeia associativa, além da orgânica. O sintoma *psico-somático* apenas introduz a linguagem de profundas associações inconscientes, que são na verdade aquelas que conduzem o sujeito em sua interpretação e ligação com o Real. Portanto, é para ser instrumentalizado da mesma forma que um sonho ou um ato falho, dentro dos critérios de associação livre, por onde se faz a leitura do inconsciente. Devem-se guardar apenas as diferenças entre o simbolismo do sintoma neurótico e a *interferência* do sintoma *psico-somático*.

Ousaria dizer que *o sonho é o sujeito*, já que ele demonstra o funcionamento sígnico, e acabamos de aprender na apresentação semiótica que o sujeito era o próprio signo. Um signo com capacidade de interpretar outros signos, segundo interpretantes específicos, que o definiriam na imensa variedade de signos. Dessa forma, estamos limitados aos signos, que nos definem segundo as condições da interpretação de que é objeto, e não pela consciência de identidade narcísica que teimamos em preservar em nome da idolatria ao ego.

Se o sonho é essa expansão sígnica, na qual se amplia o potencial interpretante de cada um, o sintoma *psico-somático* é a ausência de representação, o vazio sem significância, sem o potencial criativo de uma possível associação representativa, apenas o produto da certeza onipotente. A tensão associativa, o desejo, está obstruído, *interferindo* sobre os códigos fisiológicos, impotentes perante a natureza de uma ameaça diante da qual só reagem caoticamente. A vivência de desconexão é atuada fisiologicamente, como se precisasse dar uma forma plástica ao caos a que está submetido, no fim das perspectivas. A desorganização por si própria, perdida das referências significativas, apenas atuada na falta da perspectiva significante da condição da criação do sentido, já que a absorção do Real está prejudicada pela interpretação narcisicamente distorcida. O sintoma *psico-somático* tem a tendência a ser interpretado como um *ruído* que pode ter um sentido, mas que não se sabe bem qual seja. Falta reabilitá-lo em sua informação, em seu objeto a ser reconhecido e interpretado significativamente, para que dele nos ocupemos em sua conjuntura com as estruturas inconscientes.

Procedimentos   131

Ao classificar o conflito como *psico-somático*, a proposta é evidenciar uma dissociação que nem sempre é muito clara. Trabalhar sobre ela pressupõe a noção de que devemos considerá-la mais como uma estrutura dissociativa e não apenas um sintoma, porque como tal tem apenas a função de registrar a *interferência* nos códigos orgânicos. A estrutura dissociativa aponta para a falha estrutural, sem ter a mesma expressão representativa do sintoma neurótico. A diferenciação é básica para qualquer atitude terapêutica, porque, sem ela, cai-se na possibilidade de confundi-la, como por exemplo com a histeria. Essa confusão causa no paciente profundo sentimento de exclusão, pois ele está desorientado, e sem a consciência dessa desorientação, sem que isso tenha alguma semelhança com o jogo sedutor da histeria, na qual a confusão serve apenas para deixar o sujeito com a falsa sensação de ter-se desligado de seus problemas, já que estariam diluídos na confusão inconscientemente possibilitada.

O *psico-somático* não procura chamar a atenção dos outros para si próprio, ele apenas não reconhece sua desorientação, está perdido dentro das certezas construídas ao longo de sua vida e não consegue desligar-se delas, nem sabe que precisa. A indicação analítica é necessária para que haja o reconhecimento dessa necessidade, para que o paciente comece a representar a necessidade de reformular suas definições próprias e passe a reconhecer com algum sentido aquilo que passa por ele apenas como uma ação orgânica, sem que possa ser representada. Deve-se lembrar que a simbolização compromete-se na tendência interpretativa narcísica, que se opõe às condições determinadas pelo Real. Perde-se assim o Real como fonte de adequação entre o imaginário e o simbólico, da qual o sujeito poderia beneficiar-se em seu crescimento e interação com a vida. Em decorrência disso, o tempo relativo não tem como aliar-se ao tempo biológico absoluto, o que

132   O sintoma e a dissociação psico-somática

faz com que as evoluções histológicas e fisiológicas sofram *interfe-rências* em seu desenvolvimento. Dessa forma se está perdendo o 'marco zero' de onde nascem as descobertas mais importantes para a adaptação de nossa espécie.

No acompanhamento a um paciente com sintomas *psico-somáticos*, presencia-se primeiro a um desenvolvimento da estrutura onírica, o paciente passa a sonhar e a ter uma relação de sentido com esse sonho, reconhecendo-o dentro de sua vida e de sua forma de ser. É muito comum que fique assustado com a carga representativa que se desencadeia como uma avalanche e, por isso, se faz necessário que, em seu acompanhamento analítico, se reorganizem os novos elementos oníricos para uma reinterpretação de sua relação com o Real, a fim de que a dissociação vá sendo reduzida gradativamente.

Gostaria de encerrar este trabalho relatando uma conversa que mantive com o pai de uma paciente minha sob tratamento psicanálitico. Essa conversa muito me ajudou a reconhecer o quanto é difícil reconhecer e desestruturar os estigmas secundariamente desenvolvidos junto ao sintoma *psico-somático*, e o quanto são necessários ousadia e desprendimento, para que realmente algo se modifique dentro de sua estrutura sintomática.

A paciente em análise foi diagnosticada como epilética, por uma das mais competentes equipes de neurocirurgia de São Paulo. Apresentava sintomas com crises convulsivas do 'tipo' grande mal, associada a outros sintomas 'desligamentos' de 'tipo' pequeno mal, sem comprovações tomográficas e eletroencefalográficas conclusivas. Em determinada ocasião, teve muitas crises seguidas e foi encaminhada ao hospital. Os médicos da

Procedimentos

equipe que a atendia suspeitaram de um estado de mal epilético e a encaminharam para a UTI, devido à gravidade do suposto quadro. Abortadas as crises, a paciente foi diagnosticada como epilética refratária à medicação, e preparada pelos psicólogos da equipe para ter uma redução progressiva de suas capacidades cognitivas, caso não fosse feita uma intervenção cirúrgica. Um médico, membro da família, achou que a equipe que a atendera havia sido precipitada demais ao considerar o quadro irreversível e cirúrgico, levando-se em conta que a cirurgia nesses casos tem altíssimos riscos. Dessa forma, propôs uma outra avaliação neurológica, para que então se tomasse alguma atitude. O novo neurologista consultado concordou com a gravidade do caso, mas achou a sintomatologia um pouco atípica e bastante relacionada com complicações emocionais da paciente. Submeteu-a a novos exames que reafirmaram as dúvidas diagnósticas, por não demonstrarem claramente os sinais de epilepsia. Sabe-se que os fenômenos emocionais podem causar sintomas convulsivos semelhante aos do tipo grande mal e que também podem potencializar algumas alterações do córtex cerebral. Essas duas hipóteses foram levadas em conta pelo neurologista consultado, que optou pelo acompanhamento clínico associado a uma análise, para observar seu desenvolvimento, adiando portanto a perspectiva cirúrgica.

No começo da análise encontrei uma moça de 21 anos, profundamente atormentada com seu prognóstico sombrio e inteiramente dependente dos pais, até para os mais simples procedimentos, como passear sozinha num shopping. Sua evolução foi muito lenta, como era de se esperar, mas sempre progredia um pouco e começava a se perceber em condições de viver sem as incapacidades prenunciadas. Etapas difíceis foram vencidas quando retornou à Faculdade de Direito que cursava. Seu am-

134   O sintoma e a dissociação psico-somática

biente social era restrito e tinha muito medo de esquecer o que aprendia na escola, lia e relia muitas vezes a mesma coisa, como se não mais pudesse lembrá-la a qualquer instante. Isso intrigou-me até que se revelou a natureza desse fenômeno, que pude descobrir estar associado ao fato de ter sido dito a ela, em sua internação, para se preparar para uma perda progressiva e irreversível da memória. O reconhecimento de seu receio propiciou-lhe um grande alívio e favoreceu muito o seu desenvolvimento, já que começou a sair de casa sozinha e a fazer novos amigos. Em pouco tempo já cumpria melhor suas obrigações. Seu progresso era acompanhado por uma redução proporcional das crises, mais espaçadas e menos intensas, ainda que fazendo uso da mesma medicação clínica, antes improdutiva.

Evoluímos até um momento bastante difícil de sua análise, pois a paciente manifestava o desejo de poder dirigir automóvel e prestar seu exame de habilitação. Tinha medo de ser reprovada no exame teórico e de não conseguir mais aprender a dirigir. Sem contar que também achava que os médicos e seus pais pudessem impedi-la. A família assistia a seus progressos dividida entre o contentamento com sua evolução e o medo de que talvez ela estivesse se expondo a situações para as quais não estivesse capacitada. Questionavam-se se não era melhor aceitar suas limitações e deixá-la em casa sob cuidados, para evitar o risco de perdê-la em um acidente causado por suas perdas de consciência. Não era uma questão que pudesse ser definida pelo neurologista, que apenas alertava para os riscos que deveriam ser assumidos pela família e não por ele. As crises eram menos intensas, podiam ser antecipadas e durante o dia só havia a de desligamento, as de tipo grande mal só aconteciam à noite. Era uma decisão muito difícil; ninguém queria assumir uma responsabiidade que pertencia à paciente, sabedora dos riscos e dificuldades, mas

Procedimentos

também de seu desejo e necessidade, já que não poderia ficar dependente para sempre da mãe e dos irmãos.

O conflito continuava em seu impasse, até que o pai me telefonou e tivemos uma conversa muito importante para todos:

Pai — Estou muito preocupado, pode acontecer um acidente com minha filha e eu perdê-la.

T — O senhor já se relaciona com ela como se fôsse perdê-la, e não para que ela possa viver.

Pai — Mas o risco é real, ela pode sofrer um acidente!

T — Ela já sofreu o acidente, já recebeu até extrema-unção na UTI, foi preparada para perder a memória e até a não poder raciocinar mais. Ela ainda não sabe que pode viver e esse é um risco tão ameaçador quanto o outro. Se ela perceber que está viva terá mais condições de socorrer a si própria. Ela precisa assumir a conta de seus próprios riscos, para que possa estar mais atenta a eles.

Pai — O senhor está querendo dizer que devo deixá-la dirigir?

T — Eu não estou querendo dizer nada além do que disse. Digo apenas que a situação é arriscada dos dois lados, embora o lado da proteção não seja tão facilmente reconhecido dessa maneira. O mais importante é prepará-la bem, para que esteja apta a enfrentar seus riscos sem desconsiderá-los ou minimizá-los. Só assim ela conseguirá evoluir e superar suas dificuldades, que são muitas.

O sintoma e a dissociação psico-somática

Essa conversa teve grande influência sobre as futuras atitudes da família para com a paciente, que passou a ser mais respeitada em suas condições de desenvolvimento e, conseqüentemente, a acreditar mais em suas chances diante das dificuldades. Não estou querendo dizer que essas poucas palavras tenham sido as responsáveis por toda uma mudança de atitude nos pais, pois nessa época eles já estavam muito satisfeitos com o desenvolvimento da filha. Esse relato serve apenas para ressaltar uma atitude, como um símbolo de todo o procedimento analítico e sua orientação.

Ao ser o analista de um caso como esse, corre-se muitos riscos que precisam ser reconhecidos, para que nunca se perca o plano a ser objetivado, que é o de ajudar o paciente a desenvolver seus próprios reconhecimentos perante a situação que vive, seja ela qual for. Só assim ele terá condições de se desenvolver dentro daquilo que o Real lhe permite, criando uma realidade própria, resultado das traduções que conseguirá fazer, e não de interpretações pretensamente salvadoras. Não se precisa da salvação, mas sim da possibilitação. Um paciente *psico-somático* necessita possibilitar-se para o vir-a-ser, para a integração de seu tempo relativo ao absoluto, para uma melhor tradução do Real, o que lhe dará um substrato imaginário a ser executado simbolicamente em seus procedimentos habituais.

BIBLIOGRAFIA

Cereijido, F. B & Cereijido, Marcelino. *La vida, el tiempo, y la muerte.* Mexico, D.F., Fondo de Cultura Economica, 1988.

Einstein, A. & Infeld, L. *The evoluction of physics.* Nova York, Simon and *Schuster*, 1966.

Freud, S. *Introdução ao narcisismo*, In: *Obras Completas*, Tomo II, Madri, Editora Nueva, 1981.

_____ *Inibição, sintoma e angústia.* In: *Obras Completas*, Tomo III, Madri, Editora Nueva, 1981.

Heidegger, M. *"Sein un Zeit"*, In: *Jahrbuch fur Philosophie und Phanomenologische Forschung,* Vol. 8, p. 1, 1927.

Lacan, J. *Escritos.* São Paulo, Ed. Perspectiva, 1992.

_____ *Mais, ainda.* Seminário 20, Rio de Janeiro, Ed. Jorge Zahar, 1985.

_____ *Os quatro conceitos fundamentais da Psicanálise.* Seminário 11, Rio de Janeiro, Ed. Jorze Zahar, 1964.

Lévi-Strauss, C. *Estruturas elementares do parentesco*, Petrópolis, RJ, Ed. Vozes, 1976.

_____ *O pensamento selvagem*. Campinas, São Paulo, 1989.

Mann, T. *A montanha mágica*, Porto Alegre, Livraria do Globo, 1952.

Marty, P. *Los movimientos individuales de vida e de muerte*, Barcelona, Ed. Toray, 1984.

Mauss, M. *Sociologia e antropologia*, São Paulo, Ed. Edusp, São Paulo, 1962.

Mead, M. *Sex and temperament in three primitives societies.* Nova York, 1935.

Minkowski, H. *Space and Time*, 80ª Assembléia de cientistas naturais e físicos alemães. Colonia, 1908.

Násio, J. D. *Psicossomática. As formações do objeto* a. Rio de Janeiro, Ed. Jorge Zahar, 1993.

Pankow, G. *O homem e sua psicose.* Campinas, Ed. Papirus, 1989

_____ *O homem e seu espaço vivido.* Campinas, Ed. Papirus, 1988.

Peirce, C. S. *Collected Papers*. Cambridge, Harvard University Press, v.7, p. 642.

_____ *Semiótica*. São Paulo, Ed. Perspectiva, 1990.

Reichenbach, H. *The direction of time*. Califórnia, University Press, 1956.

_____ *The philosophy of space and time*. Nova York, Ed. Dover, 1958.

Santaella, L. *Assinatura das coisas*. Rio de Janeiro, Ed. Imago, 1992.

_____ *A percepção. Uma teoria semiótica*. São Paulo, Ed. Experimento, 1993.

Impresso nas oficinas da
EDITORA PARMA LTDA.
Telefone: (011) 912-7822
Av. Antonio Bardella, 280
Guarulhos - São Paulo - Brasil
Com filmes fornecidos pelo editor